中国旅游发展年度报告书系
Annual Development Report of China's Tourism

中国出境旅游发展年度报告
2019

ANNUAL REPORT OF CHINA
OUTBOUND TOURISM DEVELOPMENT
2019

中国旅游研究院

北京·旅游教育出版社

责任编辑：巨瑛梅

图书在版编目（CIP）数据

中国出境旅游发展年度报告．2019 / 中国旅游研究院著．-- 北京：旅游教育出版社，2019.8
ISBN 978-7-5637-4006-2

Ⅰ．①中… Ⅱ．①中… Ⅲ．①国际旅游－研究报告－中国－2019 Ⅳ．①F592.3

中国版本图书馆CIP数据核字(2019)第185880号

中国出境旅游发展年度报告2019
中国旅游研究院　著

出版单位	旅游教育出版社
地　　址	北京市朝阳区定福庄南里1号
邮　　编	100024
发行电话	（010）65778403　65728372　65767462（传真）
本社网址	www.tepcb.com
E - mail	tepfx@163.com
排版单位	北京旅教文化传播有限公司
印刷单位	北京中科印刷有限公司
经销单位	新华书店
开　　本	787毫米×1092毫米　1/16
印　　张	9.25
字　　数	123千字
版　　次	2019年8月第1版
印　　次	2019年8月第1次印刷
定　　价	55.00元

（图书如有装订差错请与发行部联系）

《中国出境旅游发展年度报告2019》编委会

主　任　戴　斌
副主任　李仲广　　唐晓云
编　委（按姓氏音序排列）
　　　　　戴　斌　　何琼峰　　李仲广　　马仪亮　　宋子千
　　　　　唐晓云　　吴丰林　　吴　普　　杨宏浩　　杨劲松

《中国出境旅游发展年度报告2019》编写组

主　编
戴　斌　中国旅游研究院院长、教授、博士
执行主编
杨劲松　中国旅游研究院国际所（港澳台所）所长、副研究员、博士
成　员
杨丽琼　　刘祥艳　　何琼峰　　吴丰林　　戴慧慧　　韩　霄
白慧茹　　何　淼　　谢依航　　周云儿　　彭　亮　　李　琳

前　言
FOREWORD

习近平主席在2013年俄罗斯"中国旅游年"开幕式讲话中指出，出国旅游更为广大民众所向往……中华民族自古就把旅游和读书结合在一起，崇尚"读万卷书，行万里路"。虽然我们可以从张骞出使西域、郑和下西洋找到出境旅游的因素，可以从新中国成立后的留学生派遣、科技和人文交流等项目中看到出国旅游的萌芽，但是面向国民休闲需求、市场化意义上的出境旅游则起源于1998年。从那时起，国民有需求、法律有依据、政策有调控的出境旅游市场才开始发育，逐渐形成入境旅游、国内旅游协调发展的市场格局。在过去的十年中，中国出境市场持续保持两位数，甚至百分之二十以上的增长，成为全球最大的出境旅游客源国和旅游消费支出国。2018年，中国出境旅游市场规模和消费支出再创历史新高，分别接近1.5亿人次、超过1200亿美元，成为世界旅游经济繁荣与增长日渐重要的基础市场。

对于已经到来的2019年和今后一个时期的中国出境旅游市场，我们总的看法是：两位数增长的市场繁荣可期，商业模式重构和产业格局重组可待。这是由近14亿的人口基数、即将全面建成小康社会的经济发展水平、持有出境旅行证件的人数不到8%、海外旅游目的地的公共服务、商业环境和旅游服务的品质保障、专业化的市场推广、签证便利化和免退税政策等多方面因素所共同决定的。与此同时，我们也在关注出境旅游流向、流量和消费行为的变化。东亚、东北亚、东南亚国家和港澳台地区市场仍将是中国公民出境旅游的基础市场，而且份额会进一步加大。欧洲、北美、澳新、南美、非洲等远程旅游目的地国家和地区之间的竞争会更加激烈。旅游目的地的空间尺度会进一步缩小，过去人们说，"放假了，去欧洲旅游吧"。现在呢，"放假了，去布达佩斯待几天"。随着人们旅行经验的丰富和智能通讯、移动支付的发展，游客对目的地公共服务和商业环境有了更多更高的要求，特别是希望在购物之外深入体验当地的人文环境和生活方式。

基于宏观数据和市场信息的综合研判,我们认为:出境旅游已经从少数人的享受进入了大众的日常生活;不只是美丽风景,而且美好生活和时尚感正在引领旅游的未来;定制旅游将进入市场成熟期,个性化的需求会进一步突显。在此时代背景下,旅行社、在线旅行代理商、地接社、小交通服务提供者、资源供应商,以及目的地推广机构,必须在看增长与繁荣的同时,适应市场变化,及时调整商业模式,持续研发新产品和提升服务品质。只有那些真正为游客带来品质和价值,以科技创新和商业能力为基础的商家才能生存下去,发展起来。那种打政策和法规的擦边球,靠回扣赚钱发财的日子不会再有了。

正如习近平主席宣告的那样,人民对美好生活的向往就是我们的奋斗目标。改革开放四十年来,从"吃有肉、住有楼,还有闲钱去旅游"的朴素理想,到今天国民出游率接近4次。可以说,中国人在旅游这件事上已经解决了"有没有"的初级阶段问题,"好不好""精不精"正在成为现实诉求。

根据中国旅游研究院的出境游客满意度专项调查数据,2018年人均消费2971美元,较2017年的人均2586美元增长了14.9%,远高于欧洲来华游客1953美元的人均消费。其中,人均消费在1.5万~2万美元的游客从27.22%增长到33.38%,而人均消费2万美元以上的游客更是从33.12%增长到46.12%。相对于消费能力的增强,我们更加关注消费结构的明显变化。游客在目的地期间用于餐饮的支出比重从2017年的1.96%增长到14.13%,用于住宿的支出从1.59%增长到21.47%,用于文化娱乐的支出从0.79%增长到24.38%;与此同时,用于购物的支出则从34.34%下降到16.48%,参团费用则从46.61%剧减到16.20%。从这些理性上听起来有枯燥感的数据中,我们能够感觉过去的2018年确实是游客消费结构发生革命性变化的一年:餐饮、文化娱乐、住宿消费等承载美好生活品质的项目获得了快速增长,而委托代购、亲友送礼、冲动消费支撑的购物消费和走马观花的景点"打卡"消费则大幅下降。这是消费理性和市场成熟的体现,也是我们乐观看到的结果。

需要说明的是,尽管消费结构的购物比重在下降,但是我们并不能从中得出购物旅行市场趋于萎缩的结论。消费结构的调整不仅是在总体消费水平提升背景下所做的调整,还是在消费分级、场景转化和国际国内市场一体化背景下所做的调整。过去不管有没有消费能力,哪怕住远郊客栈、吃方便面也要省钱买个名牌包包,现在呢,出行前就会根据生活所需和支付能力确定好要买的商品。过去看到免税店、奥特莱斯和可以退税的百货公司就进去狂购一番,现在呢，精品店、特色店，乃至社区便利店都会有中国游客的身影。过去一看价签上的数字比国内便宜那么多，不管需不需要就忍不住出手，买买买，现在呢，海南有离岛免税、机场有离境免税，国内市场的有税商品的价格和品质也在不断向国际市场看齐。受上述因素的叠加影响，中国出境游客的购物动机越来越呈现国际购物旅行者的成熟特征，即原产地、纪念性、便利性和场景化。从这个意义上说，游客不是钱包里没钱了，但是他们需要一个掏出钱包的理由。

  在消费能力提高和消费结构优化的同时，游客在目的地更加注重人文交流、生活体验与舒适度评价。中国旅游研究院对全球 102 个国家和地区的旅游服务质量监测结果表明，虽然出境游客对服务品质的评价总体上是满意的，但是对主要目的地国家和地区的满意度指数还是有所下降。从一定意义上说，旅行经验更加丰富和消费更趋理性的游客变得更挑剔了，不再像过去那样一踏异国他乡的土地就自发地嗨起来，而是以平视的心态打量目的地国家和城市寻常生活。

中国旅游研究院院长、教授、博士生导师
2019 年 1 月 7 日

目 录
CONTENTS

第一章 大且升、稳又变的中国出境旅游 ………………………… 1
    一、中国出境旅游的大规模 ………………………………………… 2
    二、稳定的结构 …………………………………………………… 3
    三、"小"特征的变迁 ……………………………………………… 6
    四、出境旅游满意度的坚定上升 …………………………………… 10

第二章 最好年代里中国出境旅游市场的激烈竞争 ……………… 11
    一、中国出境旅游正处于最好年代 ………………………………… 12
    二、更激烈的竞争和更多元的梦想 ………………………………… 19

第三章 出境旅游市场的从众和由心 ……………………………… 23
    一、性别平衡、教育良好和青春出游 ……………………………… 24
    二、偏好景点、激情购物与多元意愿 ……………………………… 26
    三、初次出境旅游者众,跟团游依然是许多人的心头好 ………… 28
    四、喜欢自由的感觉,我的旅游我做主 …………………………… 30

第四章　跟团游与自由行角力中的出境客源地 ·········· 35
- 一、调整中稳定的北京 ·········· 36
- 二、退与进中的上海 ·········· 39
- 三、蓄势的成渝 ·········· 39

第五章　主要目的地消费特征面面观 ·········· 43
- 一、中国香港 ·········· 44
- 二、中国澳门 ·········· 48
- 三、中国台湾 ·········· 51
- 四、日本 ·········· 53
- 五、美国 ·········· 57
- 六、加拿大 ·········· 60
- 七、南非 ·········· 62
- 八、澳大利亚 ·········· 65

第六章　总体提升中更激烈的满意度竞争 ·········· 69
- 一、看得见的努力、看得见的重游率和抱怨情绪明显上升 ·········· 70
- 二、日新精进的满意度 ·········· 71

2018—2019年出境新跟团游大数据报告 ·········· 97
- 一、跟团游依然是中国人出境游的主要方式 ·········· 98
- 二、摆脱低质低价，新跟团游兴起 ·········· 99
- 三、小团化：私家团游客翻倍，平均只有3.3个人 ·········· 101
- 四、更自由：半自助游增长超六成，中国游客需要更多自由时间 ·········· 104
- 五、订个机票说走就走，中国游客热衷去目的地参团 ·········· 105
- 六、消费升级：八成跟团游客选择高星级住宿 ·········· 107
- 七、个性化跟团游：跟团游开启私人定制，跟特定的人、主题去旅游 ·········· 109
- 八、年轻化：不只是老年人跟团，六成是年轻人 ·········· 110
- 九、服务升级：新跟团新保障 ·········· 111
- 十、手机互动点评：随时点赞或吐槽，半数以上行程中打分点评 ·········· 114

十一、出境跟团游目的地排行榜：泰国、日本最受欢迎，从大城市扩散到小众目的地 ……………………………………………… 115

十二、出发城市排行榜：二三四线城市出境游市场崛起 ……………… 116

"一带一路"出境自由行大数据报告2019 ………………………… 119

一、"一带一路"出境自由行六大趋势 …………………………… 120

二、"一带一路"沿线国家的旅游热度 …………………………… 122

三、"一带一路"出境自由行客源地和游客分析 ………………… 123

后　记 …………………………………………………………………… 133

第一章
大且升、稳又变的中国出境旅游

巨大规模与稳定结构并存，小特征轮动和满意度持续提升，是中国出境旅游的根本特征。

一、中国出境旅游的大规模

出境旅游的大规模首先体现在总体规模上。2018年，我国的出境旅游市场规模增长到1.49亿人次，相比2017年同比增长14.7%。与此相对应，出境游客的巨大消费能力持续释放并益发明显地表现出来。2018年，我国出境游客境外消费超过1300亿美元，增速超过13%。预计2019年上半年出境旅游人数约8129万人次，同比增长14%。预计2019年我国出境旅游人数约1.68亿人次，比2018年增长12%。

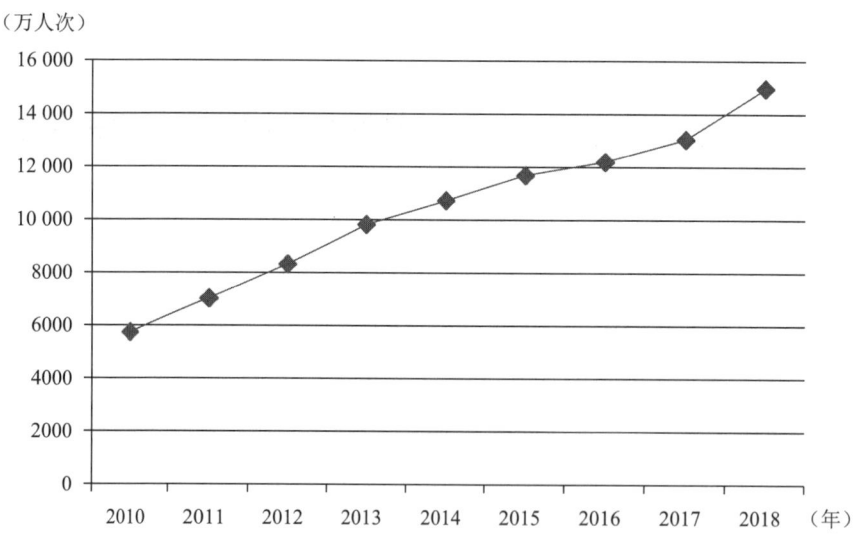

图1-1　2010—2018年我国出境旅游人次

出境旅游的大规模也体现在月度数据上。2018年的所有月份出游人数较2017年均有所增长，都在1000万人次以上。全年超过一半时间，包括1月、2

月、4月、7月、8月、11月和12月都超过了1200万人次。

二、稳定的结构

出境旅游的稳定主要体现在目的地流向和分布结构的稳定上。2018年我国出境旅游目的地依然以近程目的地为主，港澳台是最主要的目的地。近程目的地为主的稳定和不时闪现的热门目的地是我国出境旅游"大热带+小热点"的基本结构。我国游客赴不含港澳台的其他亚洲国家或地区旅游达到4997万人次。亚洲继续在洲际目的地上占据首位，占比为89.03%。之后依次为欧洲（3.83%）、美洲（2.44%）、大洋洲（1.26%）、非洲（0.4%）和其他地区（3.04%）。赴欧洲地区游客同比增长10.44%，赴大洋洲游客同比增长7.28%，赴美洲地区游客同比增长1.09%，赴非洲游客同比减少15.07%。

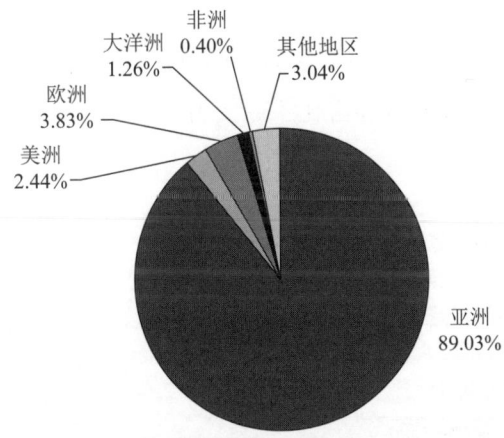

图1-2 2018年我国出境游洲际市场份额

2018年，中国（内地）出境旅游目的地前十五位依次为中国香港、中国澳门、泰国、日本、越南、韩国、美国、中国台湾、新加坡、马来西亚、柬埔寨、俄罗斯、印度尼西亚、澳大利亚和菲律宾。

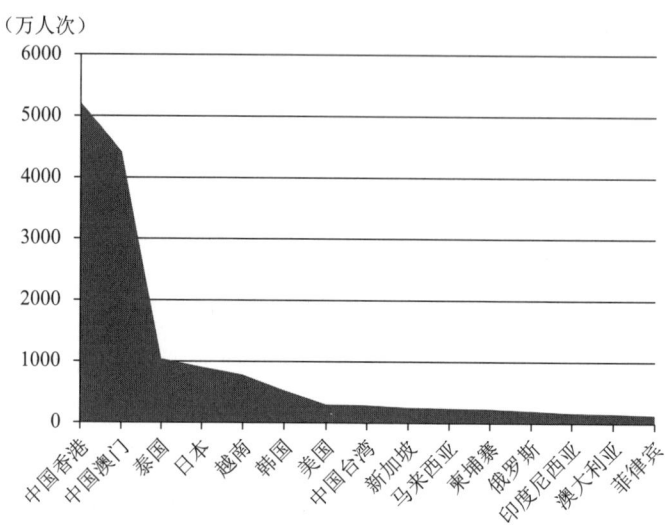

图1-3 2018年主要出境旅游目的地接待中国游客市场份额（前15位）

2018年出国游客占出境游客总数的40.79%，赴港澳台游客占总出境游客的59.2%。2014年以来，出国游客占比不断提升。

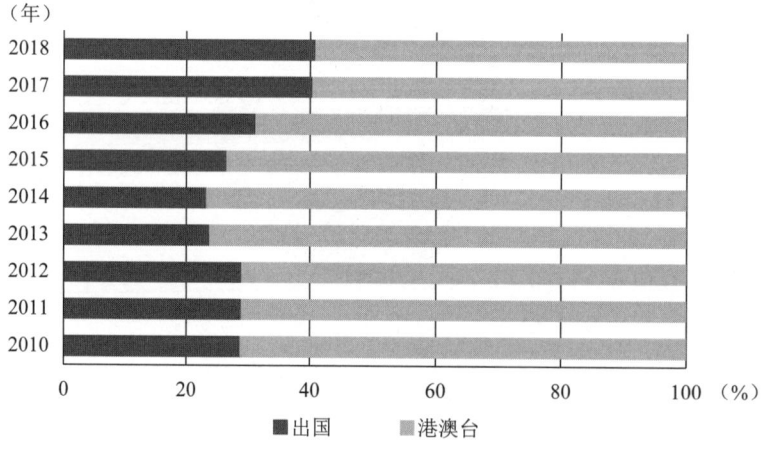

图1-4 2010—2018年我国出国旅游人次与赴港澳台旅游人次比较

由于假期等因素影响，季节性变化明显，高峰集中。7月、8月和春节依然是出游的旺季。

第一章 大且升、稳又变的中国出境旅游
Chapter 1 Chinese Outbound Tourism: Huge while Increasing, Stable while Changing

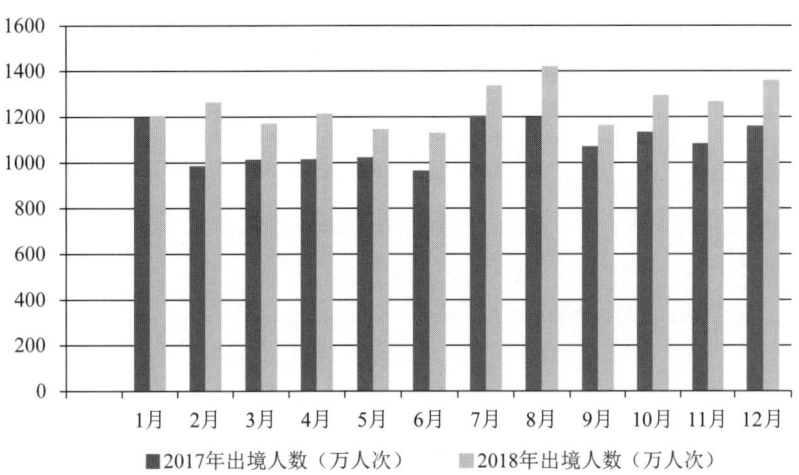

图1-5 2017年和2018年我国各月出境旅游人次对比

2018年我国出国旅游市场规模持续增长，较2017年同比增长14.7%。从出国旅游人数的月度数据来看，高峰期主要集中在春节期间和7、8月份。

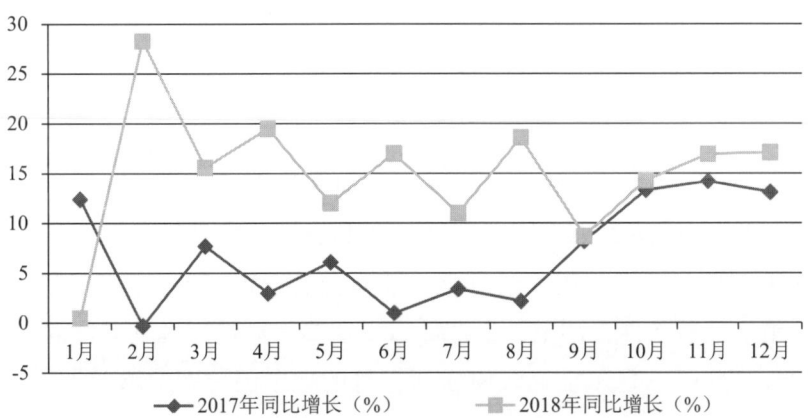

图1-6 2017年和2018年我国出国旅游同比增长率

2018年内地（大陆）赴港澳台旅游人数比2017年同期上升了14.07%。香港接待内地游客全年上升了16.7%，澳门接待内地游客增长12.1%，台湾接待大陆游客人数增长了0.4%。

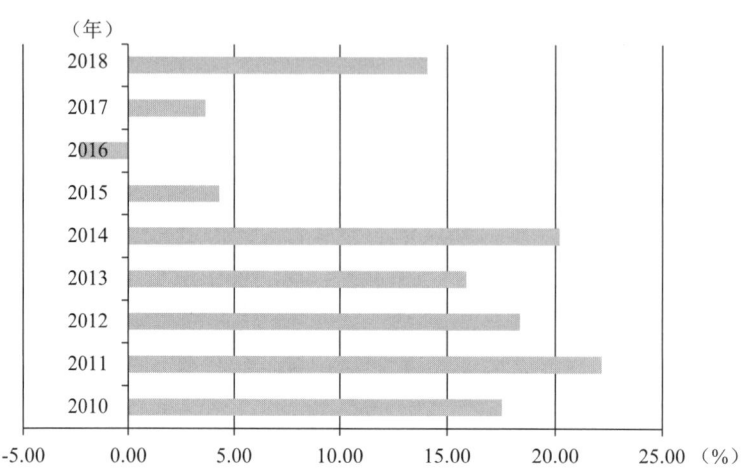

图 1-7 2010—2018 年我国内地（大陆）赴港澳台游客年增长率

三、"小"特征的变迁

在中国出境旅游的总体稳定结构下，有着数量众多的特征嬗变。这里有市场需求的印痕，也有产业求强创新带来的主动变化。

从目的地角度看，非港澳台目的地的占比在持续增长，一些热点旅游目的地也在不断涌现。内地（大陆）游客仍将港澳台作为出境游的首选。

总体上看，中国出境目的地呈现出"大热带、小热点"特点。"大热带"指围绕中国大陆地区的东北亚、东南亚和港澳台的近程市场，是典型的头部。随着签证政策、直航条件，甚至某个事件引发这些"热带"区域以外的"小热点"闪耀，比如摩洛哥、塞尔维亚、匈牙利等目的地中国访客的增长。近三年赴欧洲旅游人数年均增长达 10%，2018 年赴欧洲人数超过 600 万人次。中国主要旅游目的地国家 TOP20 中欧洲国家占 1/4，其中包含一带一路国家最多的东欧地区，出境人数占比整个欧洲最高，达到 36%，增速最快超过 20%。预计 2019 年上半年赴欧洲人数达到 300 万人次，增长 7.4%。

从客源地角度看，在整体稳定的框架下，变化也正在发生。依据各省（区、市）的潜在出游力得分，进行层次聚类分析，并应用 ArcGIS 进行空间趋势分析，可以得出客源地潜在出游力的区域间分异特征："东中西"依次递减的三级阶梯状空间格局多年来一直保持相对稳定态势。

表 1-1 2018 年各省（区、市）客源地潜在出游力得分及排名

省（区、市）	潜在出游力得分	排名	省（区、市）	潜在出游力得分	排名
上 海	1.0000	1	陕 西	0.3508	17
北 京	0.9793	2	山 西	0.3257	18
江 苏	0.8654	3	内蒙古	0.3026	19
广 东	0.8058	4	江 西	0.2891	20
浙 江	0.7694	5	云 南	0.2615	21
山 东	0.7357	6	黑龙江	0.2564	22
福 建	0.6736	7	吉 林	0.2497	23
河 南	0.6264	8	海 南	0.2328	24
湖 南	0.5932	9	贵 州	0.2056	25
湖 北	0.5628	10	广 西	0.1862	26
河 北	0.5291	11	新 疆	0.1574	27
四 川	0.4861	12	甘 肃	0.1016	28
辽 宁	0.4564	13	宁 夏	0.0782	29
天 津	0.4138	14	青 海	0.0565	30
重 庆	0.3997	15	西 藏	0.0000	31
安 徽	0.3746	16			

表 1-2 2010—2018 年各省（区、市）客源地潜在出游力排名对比

年份 排名 客源地	2018	2017	2016	2015	2014	2013	2012	2011	2010
上 海	1	1	1	2	3	2	2	1	2
北 京	2	2	2	1	1	1	1	2	1
江 苏	3	3	4	4	4	3	3	5	5
广 东	4	4	3	3	2	4	5	3	3
浙 江	5	5	5	5	5	5	4	4	6

续表

年份 排名 客源地	2018	2017	2016	2015	2014	2013	2012	2011	2010
山 东	6	6	6	7	6	6	7	7	8
福 建	7	7	8	9	9	9	9	8	9
河 南	8	10	13	12	12	11	12	12	13
湖 南	9	9	10	13	14	14	15	13	14
湖 北	10	11	12	10	10	10	10	11	12
河 北	11	12	9	11	11	13	11	10	11
四 川	12	14	15	14	15	12	14	19	10
辽 宁	13	13	11	8	8	8	8	9	7
天 津	14	8	7	6	7	7	6	6	4
重 庆	15	15	14	16	19	17	17	16	16
安 徽	16	16	16	17	13	16	16	20	21
陕 西	17	17	17	15	16	15	13	15	20
山 西	18	18	19	19	23	19	18	14	19
内蒙古	19	19	21	22	21	22	20	18	30
江 西	20	20	22	21	20	21	21	21	18
云 南	21	22	24	26	26	25	27	26	22
黑龙江	22	21	18	18	18	18	19	22	15
吉 林	23	23	20	20	22	20	22	17	17
海 南	24	24	23	23	17	26	25	23	23
贵 州	25	26	26	29	29	30	30	29	26
广 西	26	25	25	24	24	24	24	24	24
新 疆	27	27	27	25	25	23	23	27	27

续表

排名 年份 客源地	2018	2017	2016	2015	2014	2013	2012	2011	2010
甘 肃	28	28	28	28	28	28	29	30	25
宁 夏	29	29	29	27	27	27	26	25	28
青 海	30	30	30	30	30	29	28	28	29
西 藏	31	31	31	31	31	31	31	31	31

2018年，客源地潜在出游力在东中西三大区域之间的比例大约为6.2:2.5:1.3，相比较长期处于"7:2:1"的三级阶梯状分布格局，继续呈现收敛趋势。即我国的客源市场有62%源自东部地区，25%源自中部地区，13%源自西部地区。而从发展趋势看，东部地区累计潜在出游力所占比重由2010年的70.0%下降到2017年的62.4%，呈现逐年降低趋势。同时，中西部地区所占比重在不断升高，累计潜在出游力所占比重由2010年的30.0%提升到2017年的37.6%，区域之间的差距呈现出明显的收敛趋势。

四大核心经济区与其他区域之间的客源产出也出现了收敛趋势。传统的四个高客流产出区域：以北京为中心的环渤海都市圈、以上海为中心的长江三角洲都市圈、以广州和深圳为中心的珠江三角洲都市圈以及西南的成渝城市群，仍然是我国高客流产出区域，累计51.6%的出游力集中在上述传统经济区和新兴都市圈，但是相比2011年的57%，下降明显。

从省际尺度将全国31个省（区、市）划分为5种潜在出游力类型：①出游力极强地区：上海、北京、江苏、广东、浙江、山东、福建；②出游力强地区：河南、湖南、湖北、河北、四川、辽宁；③出游力较强地区：天津、重庆、安徽、陕西、山西、内蒙古；④出游力一般地区：江西、云南、黑龙江、吉林、海南、贵州、广西；⑤出游力弱地区：新疆、甘肃、宁夏、青海、西藏。出游力较高地区主要分布于我国东部和中部，而出游力较低地区则主要分布于我国西部地区。综合对比近几年三大区域各省（市、区）潜在出游力的排名变化，东部地区依然保持优势地位，但是中西部地区已出现排名交互变化现象，尤其是西部部分省（市、区）已超过中部地区的排名。

变化不仅仅局限在目的地和客源地方面，诸如自由行、新跟团游等出境游市场变迁和对应商业模式的创新正在从越来越多"小"的方面重塑当前的中国出境旅游业。众多的"小"正在汇聚成不可忽视的"大",这可能也是当下我们时代最激动人心的重要变化。

四、出境旅游满意度的坚定上升

2018 年,中国公民出境旅游对目的地总体满意度为 8.04,相较于 2017 年的 7.87 略有上升,总体上属于"基本满意"。从 2016 年至今的数据观之,中国出境游客对目的地满意度的提升虽然幅度不大,但是胜在稳步上升。2016 年、2017 年和 2018 年分别为 7.72、7.87 和 8.04,"小步快跑向上"的势头一览无余(具体情况详见第六章总体提升中更激烈的满意度竞争)。

第二章
最好年代里中国出境旅游市场的激烈竞争

一、中国出境旅游正处于最好年代

中国国家主席习近平指出,"旅游是人民生活水平提高的一个重要指标,出国旅游更为广大民众所向往""中国开放的大门不会关闭,只会越开越大""让经济全球化进程更有活力、更加包容、更可持续……让不同国家、不同阶层、不同人群共享经济全球化的好处"。很显然,这明确了中国对出境旅游的积极态度。出境旅游不仅关乎中国人民对美好生活的向往,也关乎与之相关的目的地、产业和人群的利益增进。中国经济的持续增长,对外开放的大门越开越大,也在客观上为出境旅游创造了更为有利的条件。

曾经的远已不再远,如今的近是真的近。

国内生产总值和人均国内生产总值持续增长,正在消解曾经的旅游费用障碍,相比日益增长的收入,远方已经不那么远。

根据国家统计局的数据,2018年全年国内生产总值为90.03万亿元,按可比价格计算,比上年增长6.6%。2010—2018年,我国国内生产总值一直保持着持续增长状态,有力平稳。

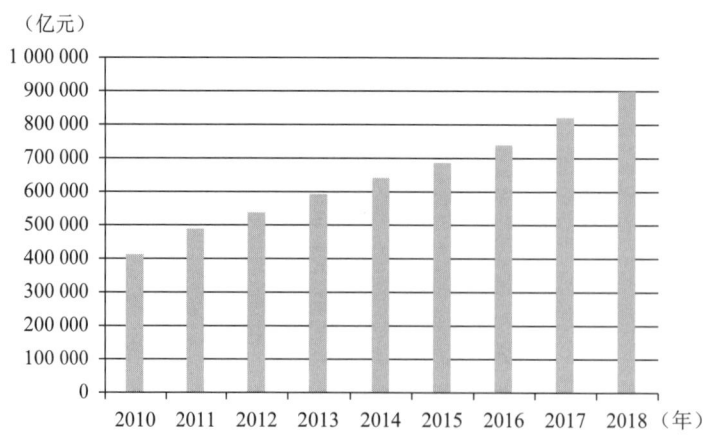

图2-1 2010—2018年国内生产总值

资料来源:国家统计局。

2018年,有11个省市的人均GDP超过了1万美元,其中北京、上海和天津的人均GDP居全国前三位。

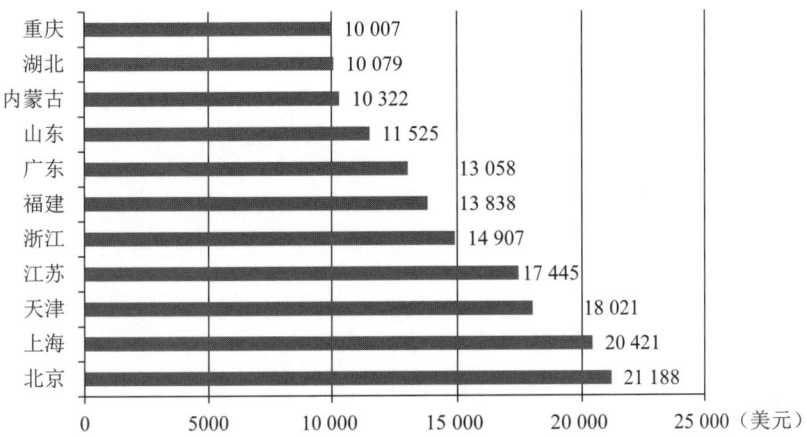

图2-2 2018年人均GDP超过1万美元的省、市、自治区

资料来源:根据各地统计局资料整理。

2018年全国居民人均可支配收入28 228元,比上年增长8.7%;扣除价格因素,实际增长6.5%。城镇居民人均可支配收入39 251元,比上年增长7.8%;扣除价格因素,实际增长5.6%。农村居民人均可支配收入14 617元,比上年增长8.8%;扣除价格因素,实际增长6.6%。城乡居民人均收入倍差2.685,比上年缩小0.02。

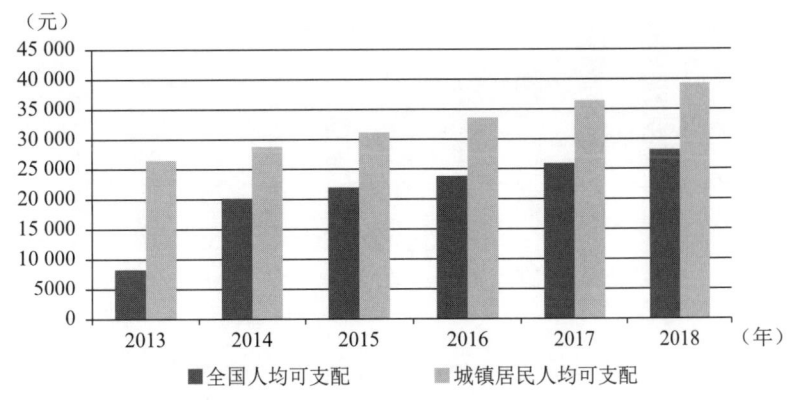

图2-3 2013—2018年人均可支配收入

资料来源:根据各地统计局资料整理。

从地方层面看，2018年居民人均可支配收入排名前十位的分别是上海、北京、浙江、天津、江苏、广东、福建、辽宁、山东和内蒙古；2018年全国人均消费支出前十名分别是上海、北京、浙江、天津、江苏、广东、福建、辽宁、山东和内蒙古。

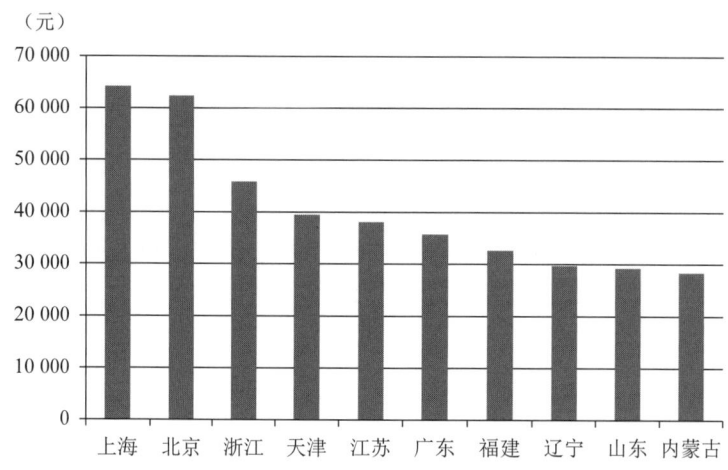

图 2-4　2018年人均可支配收入全国前十名

资料来源：根据各地统计局资料整理。

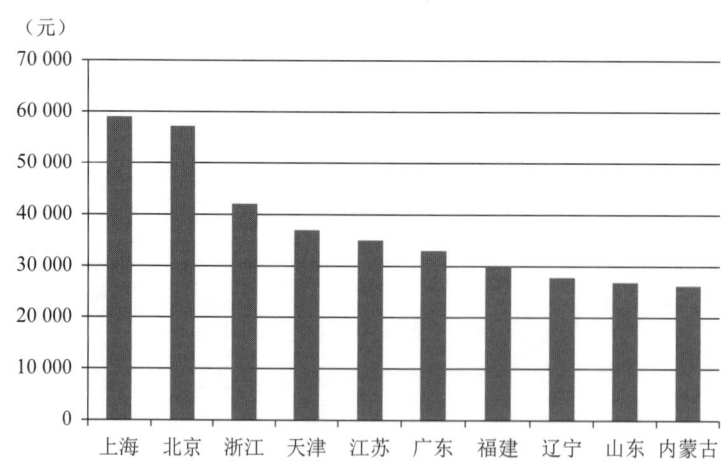

图 2-5　2018年人均消费支出全国前十名

资料来源：根据各地统计局资料整理。

交通的持续改善，正在消解曾经的空间障碍，远方的距离感减弱了。

近年国内外航空公司积极推出新的航班和航线，跨境交通网络不断优化。截至2018年底，与我国签署航空运输协定的国家地区达126个，共有港澳台航线100条，国际航线849条，新开国际航线167条。2018年国内机场直飞国际/地区航线1251条，新开国际/地区直飞航线255条。我国航空公司国际定期航班通航65个国家的165个城市。国内航空公司定期航班从32个内地城市通航香港，从14个内地城市通航澳门，大陆航空公司从48个大陆城市通航台湾地区。

境内交通条件的大幅改善，提升了客源地游客产出能力，出境旅游的市场辐射范围持续扩大。2018年，我国铁路营业里程达到13.1万公里，其中高铁营业里程2.9万公里以上，全国铁路路网密度136.0公里/万平方公里；公路总里程484.65万公里，公路密度50.48公里/百平方公里。2018年末共有颁证民用航空机场235个，比上年增加6个。其中，定期航班通航机场233个，定期航班通航城市230个。年旅客吞吐量达到100万人次以上的通航机场有95个，比2017年增加11个；年旅客吞吐量达到1000万人次以上的有37个，比2017年增加5个。[①]

以签证环境为代表的旅游便利化持续改善，正在消解曾经的政策和心理障碍。根据外交部网站的信息，截至2019年5月2日，中国已与146个国家（地区）缔结适用范围不等的互免签证协定，与超过40个国家达成了简化签证手续协议。互免普通护照签证的国家有14个，分别是阿联酋、巴巴多斯、巴哈马、波斯尼亚和黑塞哥维那、厄瓜多尔、斐济、格林纳达、毛里求斯、圣马力诺、塞舌尔、塞尔维亚、汤加、白俄罗斯和卡塔尔。单方面允许中国公民免签入境的国家或地区名单有15个，分别是印度尼西亚、韩国（济州岛等地）、摩洛哥、法属留尼汪、突尼斯、安提瓜和巴布达、海地、南乔治亚和南桑威奇群岛（英国海外领地）、圣基茨和尼维斯、特克斯和凯科斯群岛（英国海外领地）、牙买加、多米尼克、美属北马里亚纳群岛（塞班岛等）、萨摩亚和法属波利尼西亚。单方面允许中国公民办理落地签证的国家和地区名单有43个，包括阿塞拜疆、巴林、东帝汶、印度尼西亚、老挝、黎巴嫩、马尔代夫、缅甸、尼泊尔、斯里兰卡、泰国、土库曼斯坦、文莱、伊朗、亚美尼亚、约旦、越南、柬埔寨、

---

① 以上交通数据来源于中国交通运输部网站。

孟加拉国、埃及、多哥、佛得角、加蓬、几内亚比绍、科摩罗、科特迪瓦、卢旺达、马达加斯加、马拉维、毛里塔尼亚、圣多美和普林西比、坦桑尼亚、乌干达、贝宁、津巴布韦、玻利维亚、圭亚那、苏里南、圣赫勒拿（英国海外领地）、帕劳、图瓦卢、瓦努阿图和巴布亚新几内亚。

表2-1 2018年生效的互免签证列表

序号	协议国	互免签证的证件类别	生效日期
1	卡塔尔	普通护照	2018.12.21
2	白俄罗斯	普通护照	2018.8.10
3	智利	旅游及商务	2018.12.21
4	波斯尼亚和黑塞哥维那	普通护照	2018.05.29
5	阿拉伯联合酋长国	普通护照	2018.01.16

资料来源：根据外交部网站资料整理。

为了吸引更多的中国游客，2018年很多国家进一步放宽对中国居民的签证，简化签证手续，缩短办理时间，各国签证政策的变化频次明显提高。很多热门旅游目的地对中国开放免签或落地签，例如卡塔尔、白俄罗斯、智利、缅甸、博茨瓦纳、津巴布韦、卢旺达等。

表2-2 2018年部分签证便利情况

国家（地区）	签证政策	备注
缅甸	对来缅旅游的中国香港和澳门的持有普通护照的居民执行免签，对中国大陆的游客实施落地签，签证费定为50美元。	2018年10月1日至2019年9月30日
博茨瓦纳	向全球游客实行落地签证政策。香港与澳门特区护照持有人可享受免签入境待遇。	2018年11月24日起
津巴布韦	对短期赴津旅游的中国公民实行落地签证政策。该政策仅针对旅游签证，适用于津所有入境口岸，在津口岸填写申请表。	2018年7月1日起
卢旺达	对所有国家公民实行落地签，中国公民持有效期6个月以上的护照，付费30美元；无须事先申请，即可在卢所有合法入境口岸办理最长停留期为30天的落地签证。	2018年1月1日起生效

续表

国家（地区）	签 证 政 策	备 注
安哥拉	持普通护照中国公民可申请安哥拉旅游签证：①向安哥拉驻外使领馆提交旅游签证申请，符合条件者将于3个工作日内获发可停留30日的旅游签证；②通过安哥拉移民局官网提交旅游签证申请，获得入境许可后，携入境许可及其他申请材料可在罗安达国际机场入境时办理旅游签证。	2018年3月30日起
日 本	实施针对中国学生或在过去3年多次赴日的中国游客进一步放宽签证的政策。之前针对中国教育部直属高校（75所）的在校本科生、研究生以及毕业3年以内的往届生，在申请单次签证时，实施简化申请手续；现如今将对象扩大到1243所高校。过去3年内以个人旅游签证赴日两次以上的中国游客，今后申请多次往返签证时的手续也将简化。	2019年1月1日起
泰 国	对中国在内的21个国家和地区的游客推出免落地签证费的政策。	2018年11月15日至2019年1月13日
加拿大	之前取得的多次入境签证的旅行者，在签证有效期内前往加拿大无须采集指纹。	2018年12月31日起
乌克兰	停止在乌克兰边境通行口岸（鲍里斯波尔机场、茹良尼机场和敖德萨机场）办理落地签证，实现向电子签证的完全过渡。	2019年1月1日起
智利 阿根廷	中国公民只需向其中一国申请旅游签证，便可赴两国旅游。智利和阿根廷将对中国公民签发带有"阿智旅游"标签的旅游签证。持有此签证的中国公民必须首先进入签发国，然后可于90天内在智利与阿根廷之间多次出入境。	2019年1月起
乌兹别克斯坦	取消7国公民的签证要求，进一步简化39个国家（包括中国、美国、加拿大、澳大利亚等国）的签证手续，取消所需邀请函。从2018年7月1日起实行电子签证制度。	2018年2月10日起

资料来源：根据相关网站资料整理。

支付便利也有不小进展。以中国银联为例，通过与全球1800多家机构合作，银联卡受理网络已延伸至170个国家和地区，48个国家和地区发行了银联卡，覆盖超过5100万家商户和257万台ATM机，累计发行超过70亿张银联卡。以此为基础，顺应中国游客支付习惯的改变，银联国际加快建设手机闪付、二维码支付等一系列移动支付产品的境外受理场景。"云闪付"用户已可在境外25个国家和地区享受安全、便利的银联移动支付服务。与此同时，第三方支付平台的全球化力度也在明显加大。据不完全统计，国内有30家企业获得了跨境支付许可,区域主要集中在北京和上海。其中,北京 10 家,上海 9 家,浙江 4 家,广东 2 家,重庆 2 家,江苏 1 家,海南 1 家,成都 1 家。

表 2-3　获得跨境支付许可的企业

序号	公司名称	范　　围	地区
1	汇付天下	货物贸易、留学教育、航空机票及酒店住宿	上海
2	通　联	货物贸易、留学教育、航空机票及酒店住宿	上海
3	银联电子支付	货物贸易、留学教育、航空机票及酒店住宿	上海
4	东方电子支付	货物贸易、留学教育、航空机票及酒店住宿	上海
5	快　钱	货物贸易、留学教育、航空机票及酒店住宿	上海
6	盛付通	货物贸易、留学教育、航空机票及酒店住宿	上海
7	环迅支付	货物贸易、留学教育、航空机票及酒店住宿	上海
8	富友支付	货物贸易、留学教育、航空机票及酒店住宿	上海
9	财付通	货物贸易、留学教育、航空机票及酒店住宿	深圳
10	易极付	货物贸易、留学教育、航空机票及酒店住宿	重庆
11	钱宝科技	货物贸易、留学教育、航空机票及酒店住宿	深圳
12	支付宝	货物贸易、留学教育、航空机票及酒店住宿	杭州
13	贝付科技	货物贸易及留学教育	杭州
14	易宝支付	货物贸易、留学教育、航空机票、酒店住宿、国际运输、旅游服务、国际展览	北京
15	通融通(易宝支付)	货物贸易、留学教育、航空机票、酒店住宿、国际运输、旅游服务、国际展览	北京
16	钱贷宝	货物贸易、留学教育、航空机票及酒店住宿	北京
17	银盈通	货物贸易、航空机票及酒店住宿	北京
18	爱农驿站	货物贸易、留学教育、航空机票、酒店住宿、国际运输、旅游服务、国际会议、国际展览、软件服务	北京
19	首信易支付	货物贸易、留学教育、航空机票、酒店住宿、软件服务	北京
20	北京银联商务	货物贸易、留学教育及酒店住宿	北京
21	网银在线	货物贸易、留学教育、航空机票、酒店住宿	北京
22	拉卡拉	货物贸易、留学教育、航空机票、酒店住宿、旅游服务、国际展览	北京

续表

序号	公司名称	范围	地区
23	资和信	货物贸易、留学教育、航空机票及酒店住宿	北京
24	联动优势	货物贸易、留学教育、航空机票、酒店住宿、旅游服务、通信服务、国际运输及软件服务	北京
25	微信	货物贸易、留学教育、航空机票、酒店住宿、旅游服务	深圳
26	连连支付	货物贸易、留学教育、航空机票、酒店住宿及旅游服务	杭州
27	易付宝	货物贸易、留学教育、航空机票及酒店住宿	江苏
28	海南新生	货物贸易、留学教育、航空机票、酒店住宿、国际贸易物流、旅游服务、国际会议会展	海南
29	魔宝支付	货物贸易	四川
30	网易宝	货物贸易、留学教育、航空机票以及酒店住宿	杭州

资料来源：根据相关网站资料整理。

日本已经有超过5万家商店接入了支付宝的移动支付技术，为中国游客提供便捷的消费结算服务。2018年11月15日起，日本的自动售货机可用支付宝付款。2018年，微信跨境支付已在超过49个境外国家和地区合规接入，支持16种货币的跨境支付交易。2018年10月，WeChat Pay于香港首次推出跨境移动支付服务。2018年8月，WeChat Pay在马来西亚正式推出，提供移动话费充值服务、机票及公交车票购买等在线交易服务，以及超市、时装及美妆商店等零售店的线下交易服务。

二、更激烈的竞争和更多元的梦想

2017年我国具有出境旅游业务资质的旅行社有4442家，2018年增加到了4907家，增长率为10.5%。其中，北京、广东、浙江、江苏、辽宁、山东和上海共计2929家，占到总数的59.7%。各地具有出境旅游业务资质的旅行社的数量都在逐年增加，呈明显的上升趋势，竞争更加激烈。

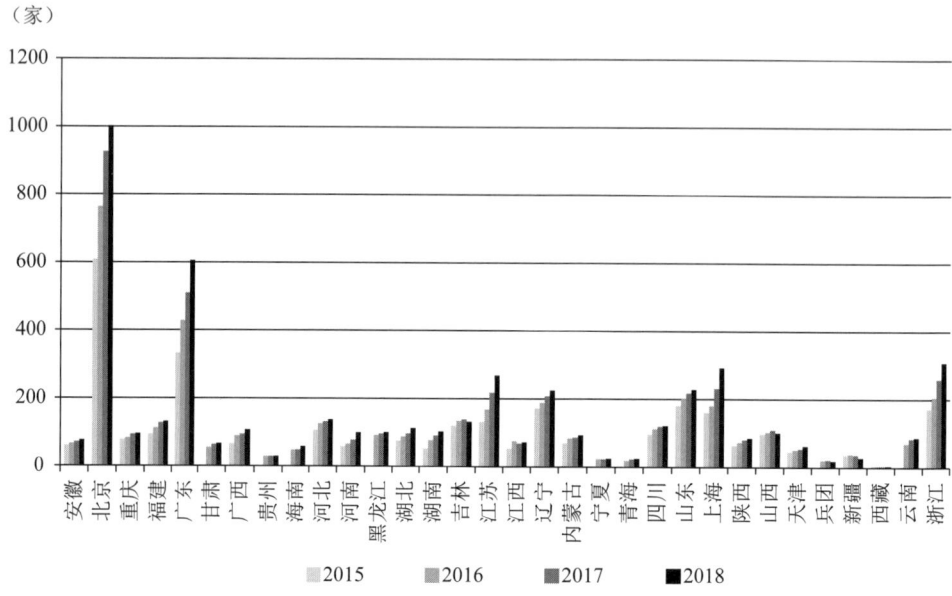

图2-6　2015—2018年各省、市、自治区具有出境旅游经营资格的旅行社数量

资料来源：根据文化和旅游部网站数据整理。

出境旅游竞争的激烈还体现在线上。出境游客习惯通过移动互联网络了解目的地信息或者预订旅游产品，尤其是80后、90后逐渐成为旅游消费的重要群体，他们更加偏好自由行的出境旅游方式，各种旅游APP成为他们行前预订、旅途游玩以及游后分享的"标配"。在出境旅游的激烈竞争中，如何在潜在或现实出境游客的手机中尽可能长的不被删除，已经成为竞争优势的重要体现。携程作为行业龙头，产业链齐全完整，在出境旅游APP存活竞争中占据优势地位。马蜂窝、途牛、驴妈妈、众信、飞猪、美团和同程艺龙等的竞争也趋于白热化。

除了市场主体的激烈竞争，目的地间的竞争也烽烟四起，积极、友善和精细成为关键词。

2018年，目的地普遍开展了针对中国市场的积极推介活动，各种路演和展会此起彼伏。

境外各旅游目的地、旅游企业开始更加关注并挖掘中国游客的兴趣爱好和旅游需要，帮助中国游客实现他们的多元梦想，为中国游客量身打造贴心的"欢迎中国"服务。如提供中文服务、手机支付、可以喝热水的烧水壶、符合中国人口味的餐饮、一张海外亲属的紧急联系地址、一个携带方便的自拍杆，以及酒店的免费 WiFi。希望通过对细节的精雕细琢，能够紧紧地抓住中国游客的心。

出境的中国游客有机会越来越多地体验到巴黎酒店的中国饺子，西雅图酒店的中文"CHECK-IN"，以及俄罗斯莫斯科和圣彼得堡的机场、火车站的更多、更友善的中文标志标识。

所有这些，其实都可以通过满意度的衡量体现出来。在 2018 年，目的地经历的是更激烈的满意度竞争。

第三章
出境旅游市场的从众和由心

从团队游到"新"团队游和自由行,中国出境旅游市场的细分和机遇都前所未有。①

一、性别平衡、教育良好和青春出游

出境游客的性别比例差距缩小,虽女性市场仍大于男性市场,但性别占比差距较 2017 年有所下降;中青年出境游客居多,25~44 岁年龄段人数所占比例高达 60.35%;大学(含本科、专科)学历的出境游客人数比例最高,与 2017 年类似;职业分布较为均衡;个人月收入在 5001~8000 元比例最高,比 2017 年分布更为集中。

(一)出游性别比例差距缩小

男性出境游客的比例为 47.18%,女性比例为 52.83%,差距从 2017 年的 24.60% 收窄至 5.65%。

(二)80 后仍为出游主体

25~34 岁的出境游客最多,占总样本的 33.46%;其次是 35~44 岁的出境游客,占比为 23.70%。总体看,年龄大都分布在 15~44 岁,出境旅游的青春气息浓厚。

(三)出游人群学历较高

大学专科学历者占比最高,达总样本的 32.83%;其次是高中/中专/技校,占 24.16%。大学本科学历者占 20.57%,初中学历占 11.43%。小学及以下和硕士及以上学历较少,占比仅分别为 6.94% 和 4.08%。

---

① 本次调研试用的问卷是由中国旅游研究院设计的"出境旅游行为调查问卷",共涉及 22 个变量。本次调研将变量抽象为 6 个范畴,分别为人文统计特征、消费决策影响因素、消费决策、消费结构、消费预订渠道和未来消费意向。调研始于 2018 年初,每个季度完成一次调研。调研组同时在北京、上海、重庆、沈阳、西安、广州、成都和杭州 8 个城市开展问卷调研,本次调研共回收有效问卷 16 407 份。

第三章　出境旅游市场的从众和由心
Chapter 3　The Chinese Outbound Tourists: the Conformity and the Inner Needs

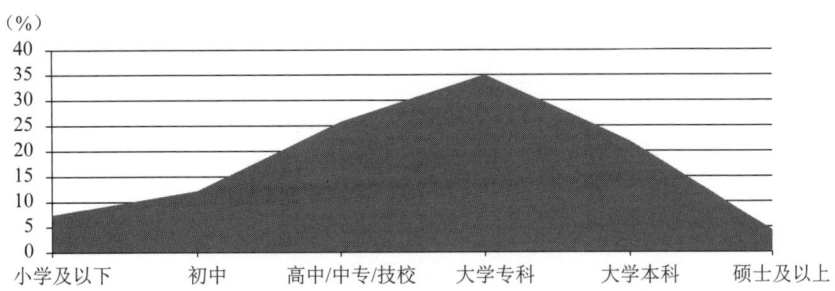

图 3-1　2018 年中国内地受访出境游客的学历分布

（四）学生、教育和金融业等职业占优

以学生、教育、金融业、制造业、建筑业，以及信息传输、计算机服务和软件业人员居多，占比分别为 11.53%、10.90%、9.40%、9.13%、6.43% 和 5.78%。

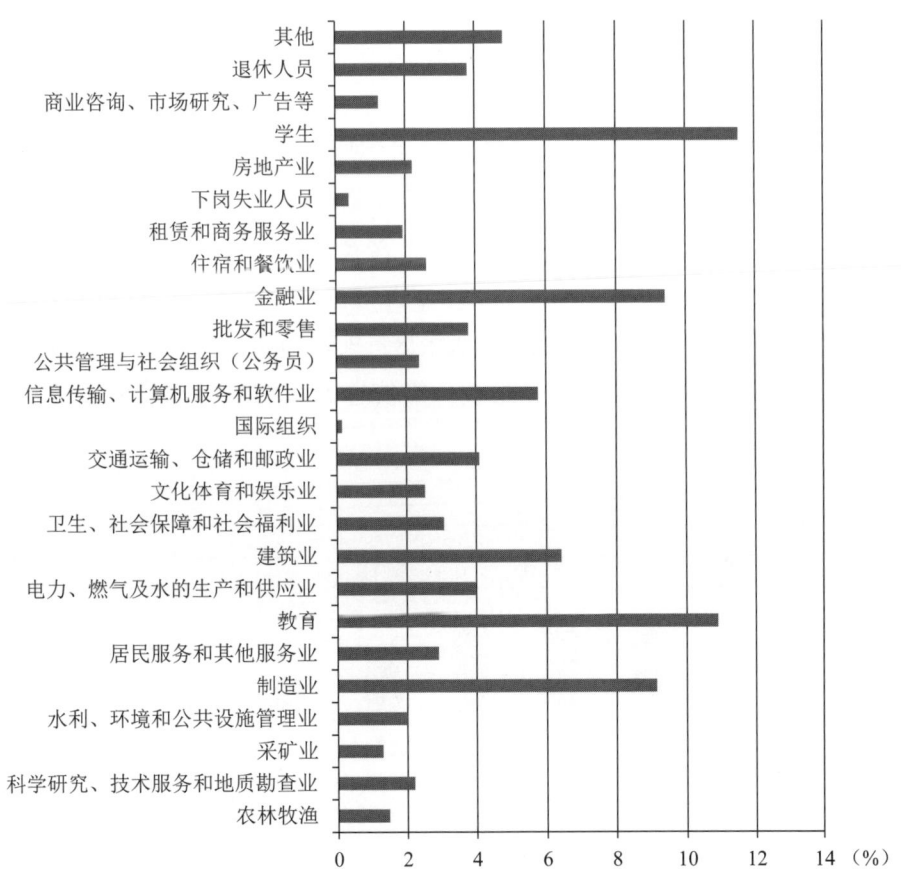

图 3-2　2018 年中国内地受访出境游客的职业分布

（五）中高收入人群为出游主体

被调查者税前每月收入主要集中在 3001~8000 元，占比为 51.7%。其中，收入为 3001~5000 元的游客占 19.98%，5001~8000 元的游客占 31.73%。无收入游客占 10.55%。1000 元以下的游客占比最少，为 1.93%；20 001 元以上收入者同样较少，占比为 5.23%。

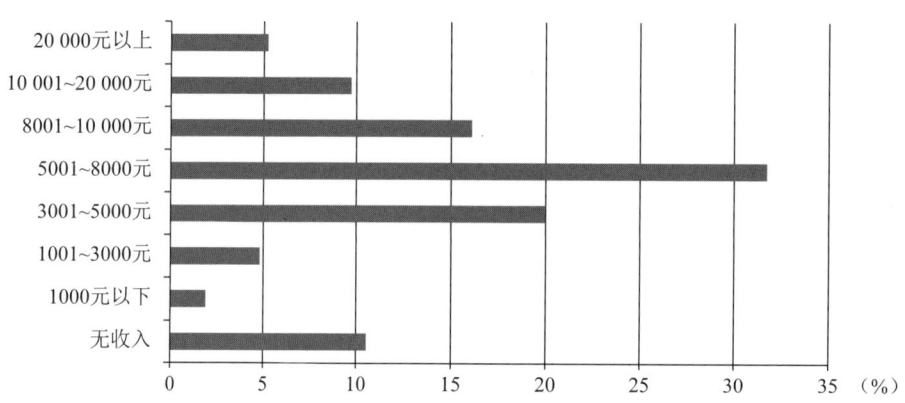

图 3-3　2018 年中国内地受访出境游客的个人税前月收入分布

二、偏好景点、激情购物与多元意愿

游客在出游前主要了解的信息包括景区/景点信息（53.13%）、住宿信息（31.18%）、交通信息（30.7%）、旅游价格信息（30.18%）以及旅游地民俗风情信息（20.88%）。

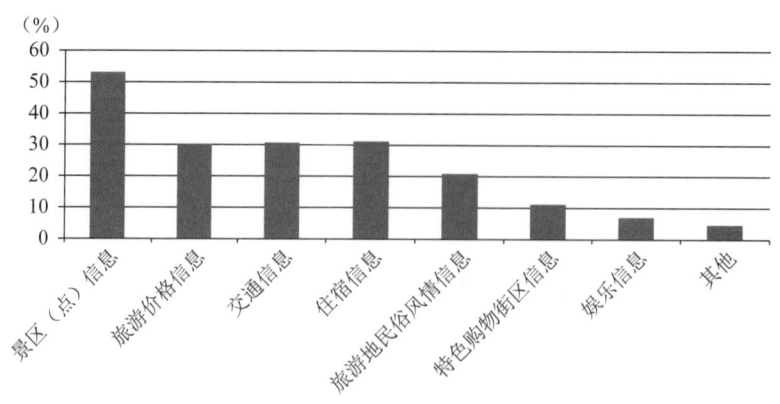

图 3-4　2018 年中国内地受访者出游前了解的信息

中高等消费特征明显。单次出境游花费在 5001~8000 元的受访者最多，占总样本的 43.1%。消费在 3001~5000 元的游客其次，占 29.1%。而花费 10 000 以上的受访者占比也较高，达 18.1%。

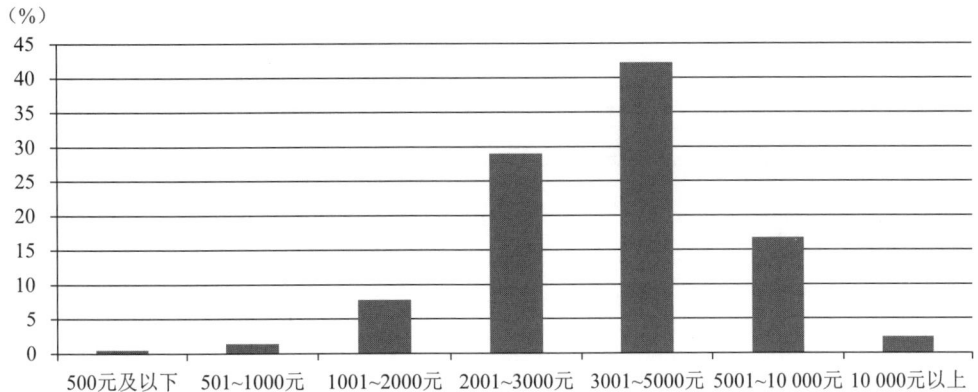

图 3-5　2018 年中国内地受访出境游客单次境外出游的花费分布

购物依然是境外旅游的最重要项目。选择购物项目的受访者最多，占总样本的 39.9%；选择餐饮花费的游客占 17.4%；选择文化娱乐花费的游客占 11.85%。

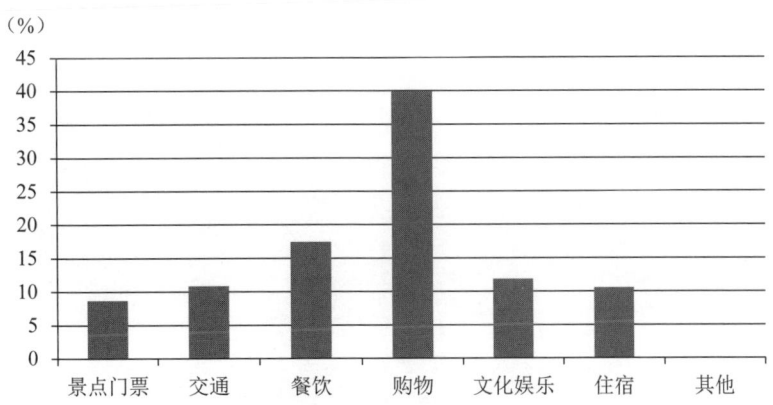

图 3-6　2018 年中国内地受访出境游客各消费项目的选择占比

出境游客未来出境主要意向以参观游览为主，选择该选项的受访者占 50.86%，较 2017 年的 79.2% 下降明显。愿意参与娱乐活动、了解当地居民情况和参与探险活动的游客分别占 18.04%、17.42%、12.67%，较 2017 年的 8.4%、

6.6%、5.7%的上升幅度较大。

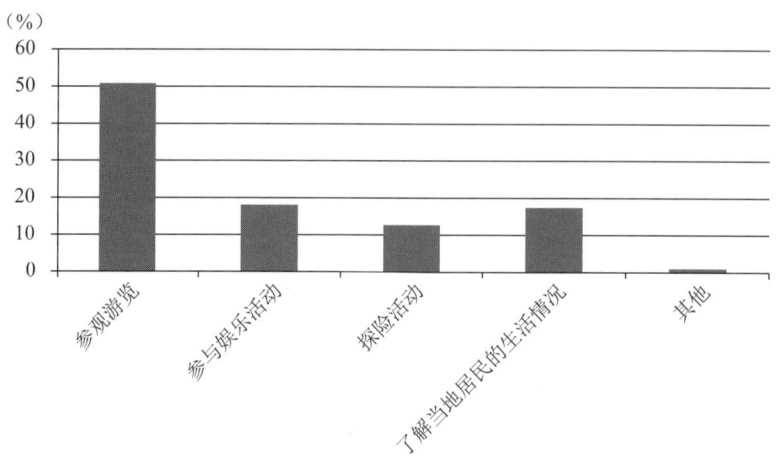

图 3-7　2018 年中国内地受访出境游客未来出境旅游消费项目的意向分布

三、初次出境旅游者众，跟团游依然是许多人的心头好

2018 年通过团队形式进行出境旅游的游客比例达 55.24%，50.65% 的受访者表示在未来的出境旅游中愿意参加旅游团。与 2017 年的 72.1% 相比，有明显下降，但境外出游参团的游客仍占多数。这种现象的出现，应该与出境旅游者的构成有关。首次出境旅游的游客占总样本的 53.11%，与团队游的比例较为接近。在一定程度上表明，出境旅游经验的欠缺是出境游客参与跟团游的重要原因。下沉市场的逐渐发力也有助于解释这一点。

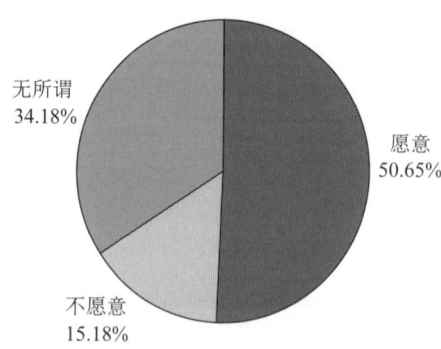

图 3-8　2018 年中国内地受访出境游客对参加旅游团出境旅游的态度

从游客获取出境游信息的渠道看，尽管网络和亲朋好友介绍占据主要位置，但是旅行社的品牌影响和专业服务也使得其成为出境游的主要信息来源之一。

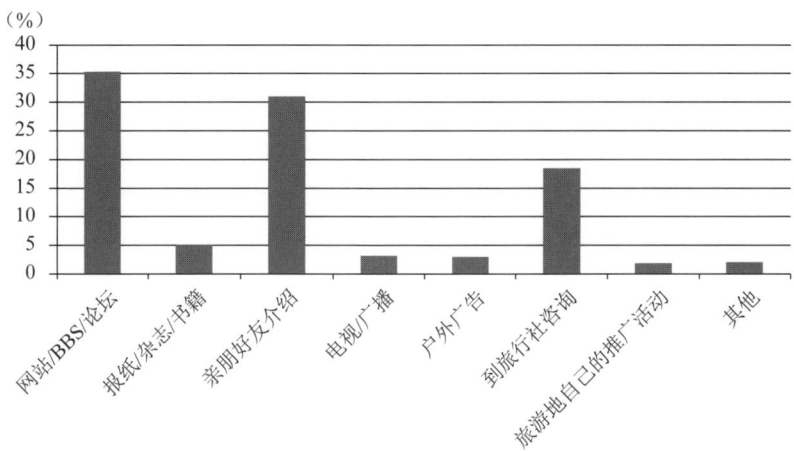

图 3-9　2018 年中国内地受访者出境游的信息来源

影响游客旅行社选择的因素有旅行社的诚信度、品牌知名度、朋友推荐、服务态度和旅行社的收费标准。其中，24.30% 为诚信度，20.45% 为品牌知名度，17.26% 为朋友推荐，13.10% 为服务态度，10.49% 为收费标准。与 2017 年相比，旅行社诚信度与服务态度的重要性提升明显。

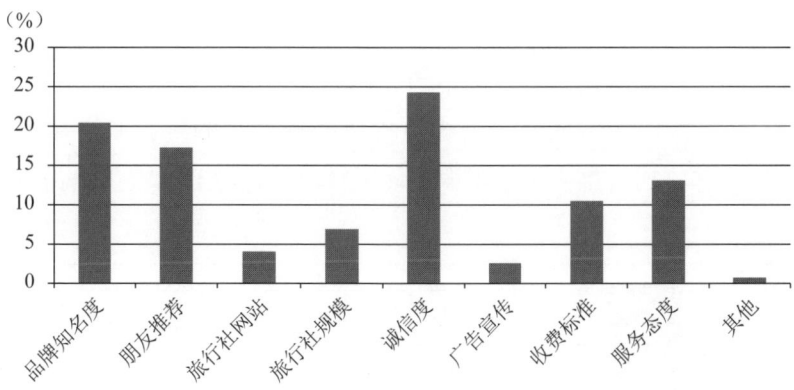

图 3-10　2018 年中国内地受访出境游客选择旅行社的影响因素

显然，跟团游的优势在于较高的性价比、旅程安心、安全放心，能够较好地帮助出境旅游经验较少的游客应对语言、交通服务、目的地协调等诸多挑战。

好的跟团游自然有市场认可的道理。

值得注意的是，出境跟团游也正在发生重大变化。中国旅游研究院和携程旅游大数据联合实验室的研究发现，"低品质、不合理低价、强迫游客购物"的跟团游产品正在逐步淘汰。在消除人数多、自由度差、不灵活、服务差、购物多、不能满足个性化需求等痛点的过程中，小团化、个性化、主题化和高品质的"新"跟团游产品正在获得旅游者的更多认可。

四、喜欢自由的感觉，我的旅游我做主

越来越多的出境游客倾向于自由行，与跟团游几乎势均力敌。

在北京、上海等出境地，通过旅行社出境游的游客正在变少。

对于出境旅游经验丰富、具备相当外语水平的游客而言，简单的跟团游已经不能满足他们的需求。他们更青睐依照自己的喜好随心安排，追求深度体验。未参团出境游客在选择上主要依靠网络，大都是和家人或朋友一起结伴而行；在选择境外旅游目的地时，更加注重景点/旅游地吸引力；在选择境外住宿酒店时，青睐于中等价位酒店和经济型酒店。

中国旅游研究院与马蜂窝联合实验室对"一带一路"自由行的大数据研究报告，也可以帮助我们了解这一点。

（一）出境游的自由离不开网络

不论是在航班预订、酒店预订还是安排旅游线路，未参团出境游客大都通过网络预订完成，网络在出境旅游中的利用愈加频繁。

82.8%的未参团游客通过网络完成机票的预订和购买，明显多于通过其他渠道购买的游客，如直接去售票点购买（5.2%）、电话预订（3.5%）等。

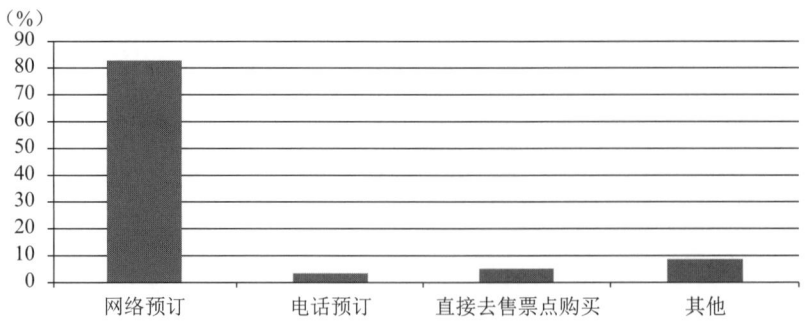

图 3-11 2018 年中国内地受访出境游客预订航班的渠道

67.57%的未参团游客通过网络完成酒店的预订和购买,其次是在当地直接入住(23.73%)和电话预订(5.23%),只有不到3.47%的游客通过其他预订和购买渠道选择住宿设施。

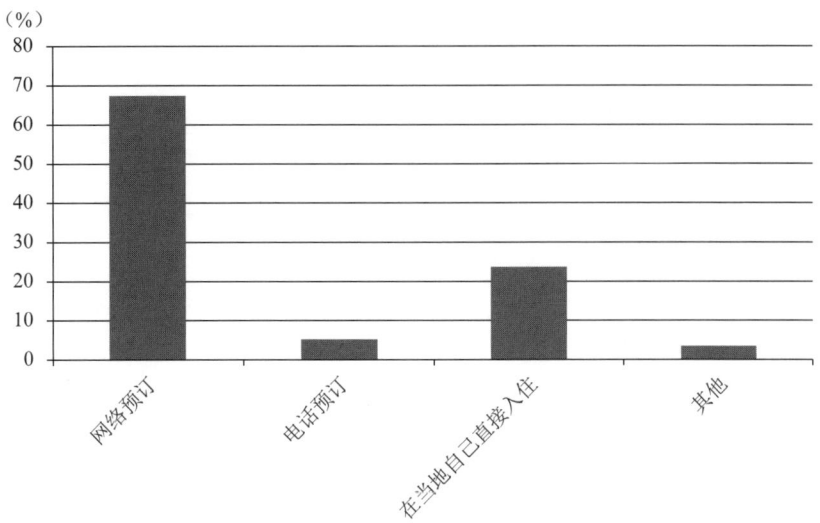

图3-12　2018年中国内地受访出境游客预订酒店的渠道

64.33%的未参团游客通过网络查找相关信息完成旅游线路安排,16.37%的游客通过亲友介绍,19.30%的游客通过其他渠道获得旅游线路。

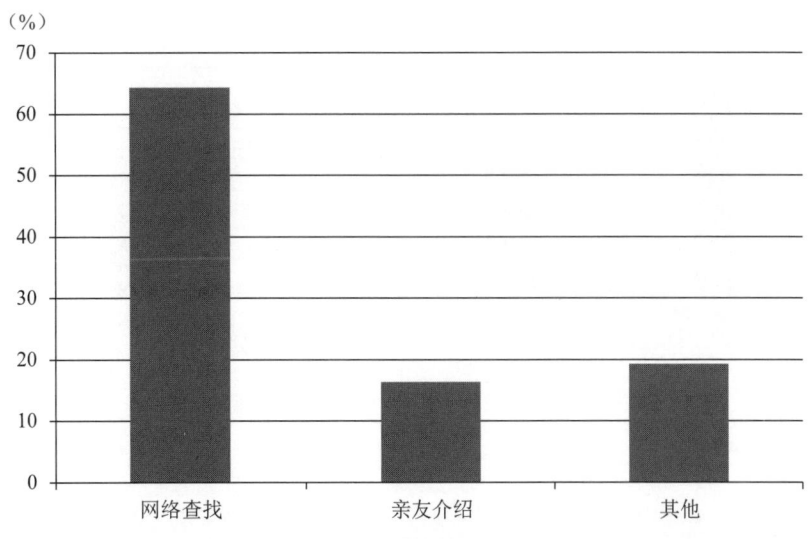

图3-13　2018年中国内地受访出境游客安排旅游路线的渠道

未参团游客通过网络查找选择就餐地的占 51.3%，通过当地居民和亲友介绍就餐的分别占 19.5% 及 13.8%。在就餐地的选择上，未参团出境游客没有像选择航班、酒店和旅游线路那样依赖于网络查找和订购。

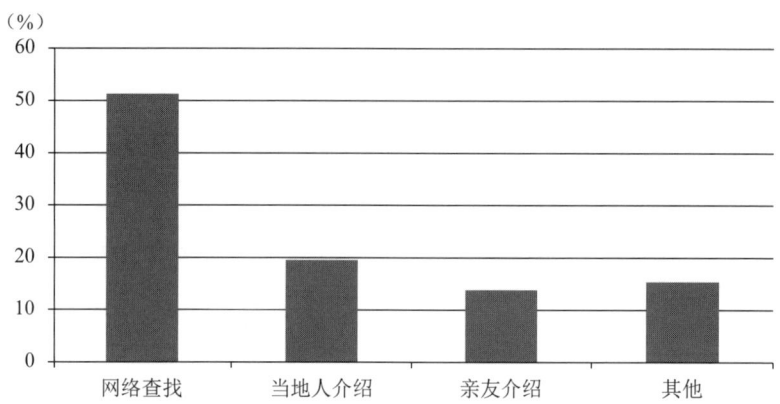

图 3-14 2018 年中国内地受访出境游客就餐地选择的渠道

（二）亲友圈 + 朋友圈是未参团游客的主要结构

和家人一起境外旅游占受访者总数的 50.67%。和好友结伴进行境外旅游活动的游客也较多，占比为 27.60%。这两类同伴出游的游客数量明显多于其他类型出游的游客数量。

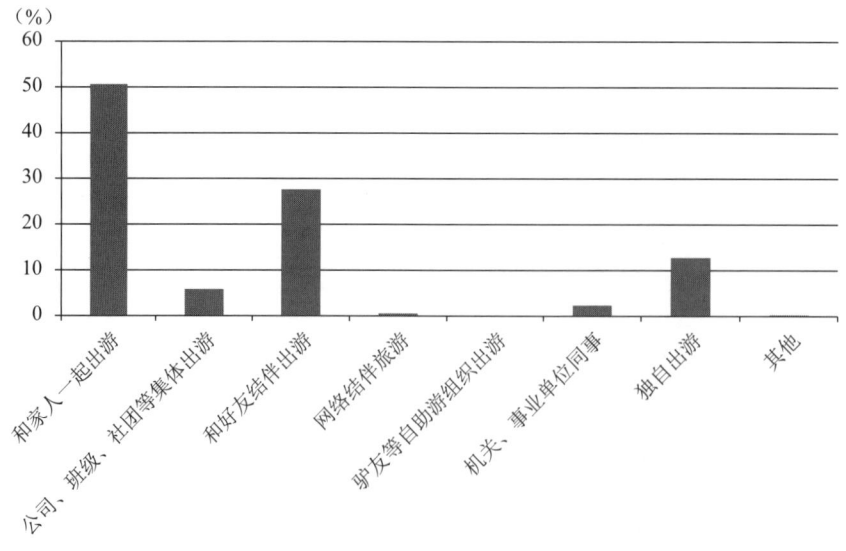

图 3-15 2018 年中国内地受访出境游客境外出游的同伴

(三)梦想第一,费用和环境也不含糊

38.73%的游客在选择境外旅游目的地时,首先看重的是景点/旅游地的吸引力,其次是旅行费用(16.1%)与休闲的环境(14.8%)。选择旅游地交通等其他影响因素的明显较少。

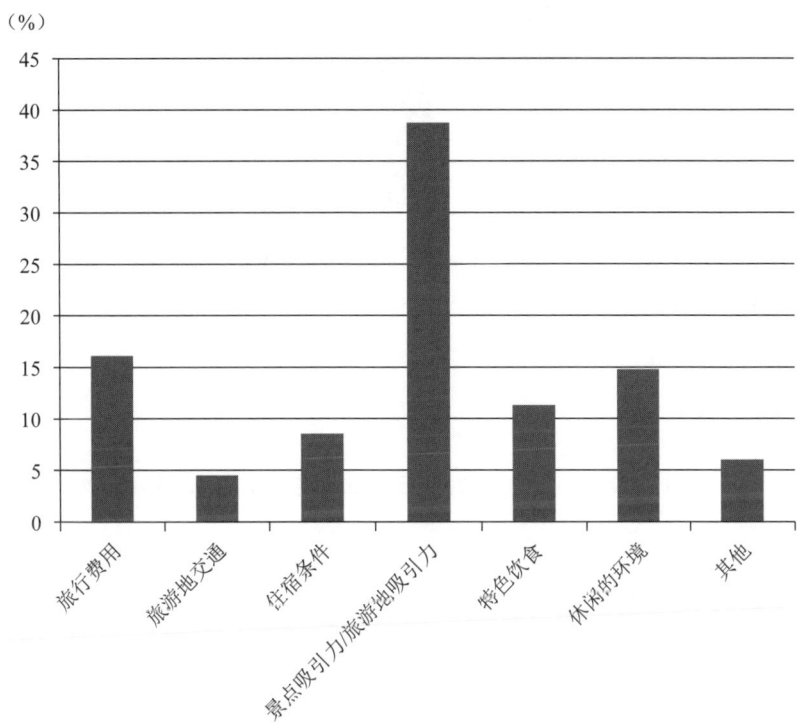

图 3-16　2018 年中国内地受访出境游客线路选择的影响因素分布

(四)住得好,更要价格好

在住宿设施选择方面,游客偏向于选择中等价位酒店和经济型酒店,选择这两类住宿设施的游客分别占总样本的 43.28% 和 25.23%,与 2017 年基本持平。入住豪华酒店的游客较 2017 有所下降,住在亲朋好友家的占比为 10.06%,其他类型住宿设施的游客相对较少。

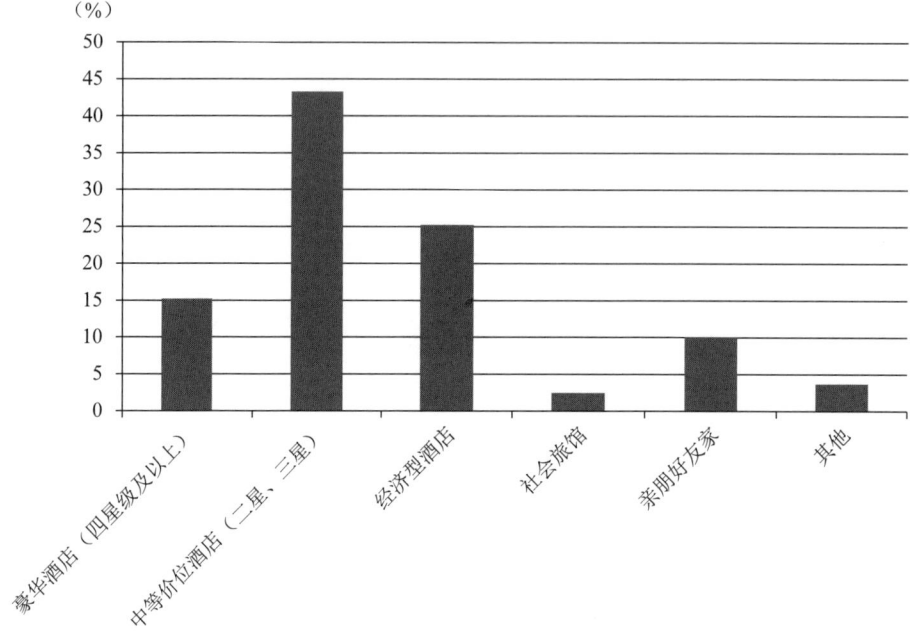

图 3-17　2018 年中国内地受访出境游客住宿的选择分布

第四章
跟团游与自由行角力中的出境客源地

2018年跟团游和自由行都在发展中努力扩展自己的版图。观察主要出境城市，可以看到旅行社组织的游客数量，有下滑，但也有上升。跟团游和自由行选择力度的变化，在相当程度上蕴含于其中。旅行社在出境市场中的地位和影响随着客源地有所不同。不同的城市和区域，幅度不一，增减各异。在时代大潮里，旅行社正在努力应对市场的变化，演绎自己的奋斗和精彩。总的看来，北京、上海的表现依然突出，变化也更明显。成渝地区正在蓄势，目的地选择也比较稳定。

一、调整中稳定的北京

2018年，北京市旅行社组织公民出境旅游人数为510.9万人次，微降0.1%；但与2017年10.5%的降幅相比，回升明显。日本、泰国、俄罗斯、越南和韩国是北京出境游的五大旅游目的地。前往俄罗斯和越南的游客量较2017年有较大幅度增长，分别为43.9%和36%。前往其他三国的游客量均较2017年有所下降。其中，赴日本的游客量下降幅度最大，同比下降21.1%。前往我国港澳台地区旅游人数也呈现下降趋势。其中，前往澳门特别行政区的游客下降幅度最大，达30.8%。

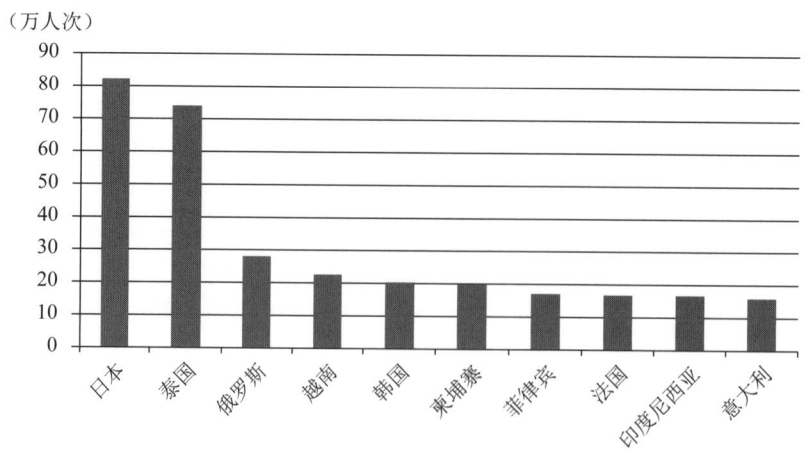

图4-1　2018年北京出境游前十位旅游目的地

资料来源：根据北京市文化和旅游局网站资料整理。

第四章 跟团游与自由行角力中的出境客源地
Chapter 4　Chinese Outbound Tourist Origins: Group Tours Vs. Independent Travel

表4-1　2018年北京部分出境游目的地旅游人数及同比增长率

旅游目的地	游客人次（万人次）	较2017年增速（%）	旅游目的地	游客人次（万人次）	较2017年增速（%）
日　本	82.2	-21.1	韩　国	20.3	-20.1
泰　国	73.9	-3.1	中国香港	12.0	-18.6
俄罗斯	28.1	+43.9	中国澳门	10.6	-30.8
越　南	22.5	+36.0	中国台湾	4.6	-26.6

资料来源：根据北京市文化和旅游局网站资料整理。

三季度是北京主要的出游高峰时段。前十位旅游目的地中的出游时段主要集中在三季度，但变化趋势有所不同。具体表现为：日本、俄罗斯、法国和意大利四国的游客量从一季度到三季度逐渐上升，至三季度达到峰值，四季度有所回落；越南和韩国的游客量二季度下降，三季度上升，四季度回落；泰国和印度尼西亚的游客量从二季度一直持续下降；柬埔寨的游客量一季度后开始下降，到四季度又大幅回升；菲律宾的游客量二季度大幅上升，二季度后下降。

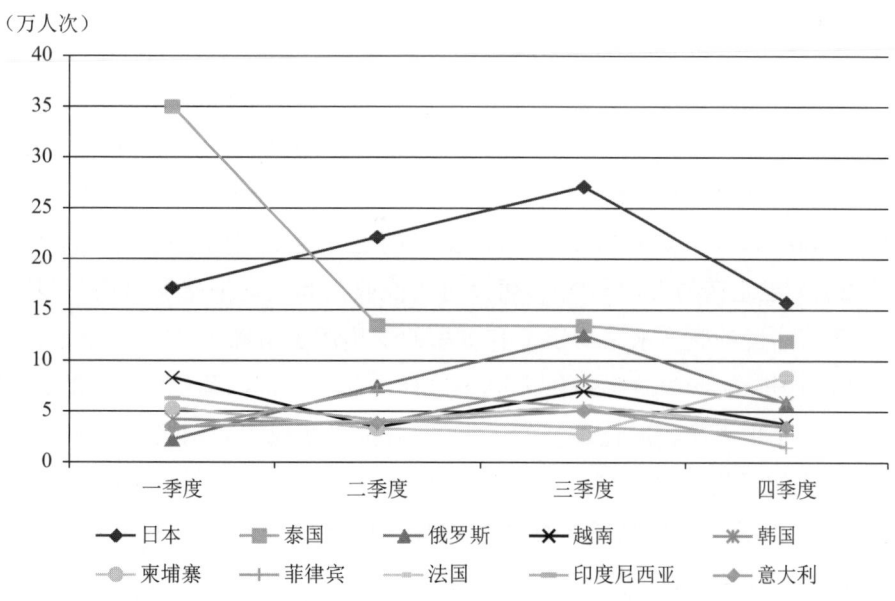

图4-2　2018年北京出境游前十位旅游目的地各季度游客量的变化

资料来源：根据北京市文化和旅游局网站资料整理。

在出境游旅游目的地选择上，北京表现出明显的多元化，游客脚丫子撒得更欢。2018 年游客增长率最高的是菲律宾，达到了 208.1%。在增长率前五的旅游目的地中，既有距离较近的菲律宾、柬埔寨、越南等亚洲国家，也有距离相对较远的拉丁美洲、俄罗斯等目的地。北京游客出境游目的地的选择，开始从周边国家和地区逐渐扩展到更远的旅游目的地，目的地选择更加多元化。

表 4–2 2018 年北京出境游旅游目的地游客量增长率及旅游人次

旅游目的地	相比 2017 年增长率（%）	旅游人次
菲律宾	208.1	171 003
拉丁美洲	54.7	32 547
柬埔寨	45.4	198 621
俄罗斯	43.9	280 679
越　南	36.0	225 490

资料来源：根据北京市文化和旅游局网站资料整理。

2018 年，北京出境旅游发展的环境持续优化。表现在以下方面：

较高的社会经济发展水平为居民出境游提供了保障。2018 年北京市经济平稳健康发展，全年实现地区生产总值 30 320 亿元，按可比价格计算，比上年增长 6.6%，与全国 GDP 增速持平。北京居民人均可支配收入 62 361 元，比上年增长 9.0%；扣除价格因素，实际增长 6.3%。其中，全年居民人均服务性消费支出 21 886 元，增长 11.4%；占消费支出的比重为 54.9%，同比提高 2.4 个百分点。2018 年北京的人均 GDP、居民可支配收入和人均消费支出均位列全国第二位，北京居民的收入水平决定了有更多的支出用于出境游。

新增的国际航线为游客提供了更多选择。北京首都国际机场 2018 年旅客吞吐量达到了 1 亿人次，同比增长约 5.4%。首都机场成为我国第一个年旅客吞吐量过亿人次的机场，也是继美国亚特兰大机场后，全球第二个年旅客量吞吐量过亿人次的机场。首都机场在夏秋季增加国际航线，国际（不含港澳台地区）客运航班日均 374 架次，同比增加 36 架次。

二、退与进中的上海

2018年,上海市旅行社共组织出境旅游人次493.66万人,同比下降9.42%。另外,港澳台游客除了澳门有0.25%的人数微增外,香港和台湾旅游人数都有所下降,与2017年同期相比分别下降了30.41%和17.73%。

但上海出境旅游基本面没有发生重大变化,上海出境游客数量也没有发生大的下滑。合理的推断是:上海的出境游客结构发生重大变化,即跟团游退、自由行进。

稳健的经济发展和航空枢纽地位的巩固,为上海出境旅游提供了强力支撑。上海市生产总值完成32 679.87亿元,按可比价格计算,比上年增长6.6%。居民人均可支配收入64 183元,比上年名义增长8.8%;扣除价格因素,实际增长7.1%,实际增速比上年提高0.3个百分点。全年城镇常住居民人均可支配收入68 034元,比上年名义增长8.7%;扣除价格因素,实际增长7.0%。农村常住居民人均可支配收入30 375元,名义增长9.2%;扣除价格因素,实际增长7.5%。

截至2018年,共有107家中外航空公司在上海开通了定期航班,连接全球48个国家和地区的300个通航点,其中国际航点135个。2018年上海机场集团旗下浦东和虹桥两大机场年起降航班77.20万架次(浦东机场50.50万架次,虹桥机场27.70万架次),完成年旅客吞吐量1.18亿人次(浦东机场0.74亿人次,虹桥机场0.44亿人次),作为全国最大的航空枢纽港客流再创历史新高。

三、蓄势的成渝

2018年,四川省旅行社组织出境游客总人数为170.48万人次,同比增长2.05%。2018年,四川省居民出境排名前五的目的地分别是泰国、越南、日本、新加坡、马来西亚。其中,成都居民占比较大,但也呈现出客源地分散的态势。

表4-3 2012—2018年四川省出境旅游人次

年 份	2012年	2013年	2014年	2015年	2016年	2017年	2018年
出境旅游总人数(万人次)	76.84	74.20	123.76	195.80	183.60	167.10	170.48
同比增长(%)	35.10	10.40	66.80	58.17	−6.20	−9.00	2.05

数据来源:四川省文化和旅游厅。

2018年，重庆市出境旅行社组织出境旅游人数为201.66万人次，同比下降2.25%。其中，出国游173.07万人次，同比下降3.23%；港澳游21.93万人次，同比增长1.99%；台湾游6.66万人次，同比增长11.96%。

成渝市场的稳健和市场进取，与其经济社会的快速发展密不可分。

2018年成都地区生产总值达15 342.77亿元，同比增长8%。居民人均可支配收入36 142元，同比增长8.8%。其中，城镇居民人均可支配收入42 128元，同比增长8.2%，高于全省0.1个百分点，首次突破4万元。2018年，重庆生产总值突破2万亿大关，达到20 363.19亿元，比上年增长6.0%，各季度增速均保持在6.0%以上。居民人均可支配收入26 386元，增长9.2%，比人均GDP增速快4.1个百分点。其中，城镇常住居民人均可支配收入达34 889元，增长8.4%；农村常住居民人均可支配收入达13 781元，增长9.0%。稳步提高的城市经济水平为出境旅游的发展奠定了坚实的经济基础。

近年来，无论是交通，还是证件办理，成渝地区的进步明显。成都作为西部地区的"国际航空枢纽"，拥有基地公司共8家，包括国航西南、四川航空、东航四川、成都航空、西藏航空、祥鹏成都、深航成都、南航四川。国内四大航空集团均已在成都布局。2018年，成都双流机场旅客吞吐量突破5000万人次，成为我国内地继北京首都机场、上海浦东机场、广州白云机场之后第四个旅客吞吐量迈上5000万数量级的机场。2018年以来，双流国际机场已新开成都至哥本哈根、开罗、洛杉矶、纽约、奥克兰、圣彼得堡、塞舌尔、苏黎世、亚的斯亚贝巴、芝加哥等地的洲际远程航线以及至兰卡威、万象、伊尔库兹克等地的亚洲短程航线。截至目前，双流国际机场已开通航线333条，其中，国际（地区）航线112条，航线网络基本覆盖全球五大洲，国际（地区）航线数量在中西部地区位居第一。

2018年，重庆开通了14条国际航线。目前，重庆已基本完成欧美澳等战略性大线布局—北美洲方向，已构建2条直飞航线（纽约、洛杉矶）、4条经停航线（多伦多、芝加哥、波士顿、西雅图）的"2+4"航线网络，航班量达到每周18班；欧洲方向，实现直飞伦敦、巴黎、罗马、莫斯科、赫尔辛基5个知名城市；大洋洲方向，通达悉尼、墨尔本、奥克兰3个澳新主要城市。未来重庆还将逐步开通至圣彼得堡、亚的斯亚贝巴、雅加达、德里等地的国际客货运航线。

证件和出境手续办理方面。当前，在成都已经设立与正在筹建且有意向设立的外国领事机构数量达到18家，仅次于上海、广州，居全国第三。这些设立的领事机构大部分都可以办理领事签证业务。芬兰、奥地利、克罗地亚、立陶宛、葡萄牙、西班牙、英国、爱尔兰、澳大利亚、新西兰、南非、波兰、比利时、丹麦、捷克、希腊、瑞典、拉脱维亚、斯洛文尼亚、马耳他、加拿大、意大利、法国、德国、瑞士、荷兰和塞浦路斯27个国家在成都设立签证中心，较2016年增加了3个，基本覆盖了成都主要的出境目的地。成都继续保持西南地区最为便利的签证环境。

2018年5月1日起，重庆市全面实行出入境证件"只跑一次"制度，确保申请人到出入境办证厅一次，即可完成全部手续。为确保申请人办证"只跑一次"，重庆市出入境办证厅全面推行"一证办"、免费照相、免费复印等服务，并对监护关系、居住证、社保信息等能够通过信息共享核查的，无须申请人提交相应证明材料，实现出入境证件申办"一站式"办结。同时，优化办理证照流程。申请人在申办普通护照、往来港澳通行证及签注、往来台湾通行证及签注时，在同一出入境接待场所一次完成证件照片采集、申请材料提交、指纹采集、面见核查、证件缴费等全部申办手续。重庆市公安局出入境"绿色通道"办证增加紧急办证事项范围，为有需求的申请人提供急事急办贴心服务，最快2小时出证，还陆续推出"非工作日办证"，提供周六、办证高峰以及节假日前延时、错峰受理申请服务。

截至目前，英国、加拿大、意大利、日本、荷兰、丹麦、柬埔寨、菲律宾、匈牙利、埃塞俄比亚10个国家在重庆设立领事机构，其中能直接受理本国签证申请的有日本、柬埔寨、菲律宾、匈牙利、埃塞俄比亚。可在重庆办理签证的26个国家则包括加拿大、日本、英国、丹麦、柬埔寨、菲律宾、埃塞俄比亚、法国、德国、荷兰、意大利、瑞士、奥地利、芬兰、斯洛文尼亚、爱沙尼亚、捷克、立陶宛、马耳他、匈牙利、瑞典、西班牙、希腊、克罗地亚、比利时、斯洛伐克。

# 第五章
主要目的地消费特征面面观

主要出境目的地的消费特征，既来源于出境游客的本身需求，也联动于目的地的产品开发和服务引导。

必须重视下沉目的地＋下沉客源地的"双下沉"。从客源地的视角观之，中国出境游客的消费特征，既有一线城市的强力塑造，也越来越多地加入了下沉市场的元素。从目的地的视角观之，越来越多的中国出境游客开始前往下沉目的地，更多的名不见经传的小城镇纳入中国出境游客的规划之中。一线资深游客的脚步越来越远的同时，中国的小镇青年正在开始他们的出境旅游"初"体验。他们对出境旅游的期盼和影响力，正在成为目的地必须面对的重要因素。

从跟团游到自由行，从初次到访到重复出行，从近程到远程，从购物消费的地位难以撼动到其他多元消费的渐次展现，中国出境市场有同时性，有轮动性，更有跳跃性。

技术赋能、下沉目的地和客源地的发现和崛起，已经成为这个时代的重要标志。希望在这个章节里，读者能以"主体稳定＋双下沉"的角度观察，也许有不一样的收获。目的地面面观，各有各的精彩。

各花力争入各眼，去了常去更常见。

一、中国香港

内地赴港游客人数平稳增长，7、8月份为旅游高峰期。

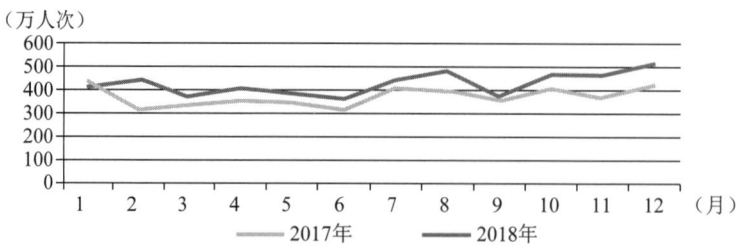

图 5-1　2017 年与 2018 年中国内地赴香港的旅游人次及变化情况

资料来源：香港旅游发展局。

2018年，内地赴香港旅游的游客中有39%为男性，61%为女性，性别比例基本与2017年持平。近几年来，女性游客的比重缓慢增加。

26~45岁的中青年群体是内地赴港旅游的主力军。与2017年相比，36~45岁的中年游客占比显著提升，甚至超过以往占比最高的青年群体。

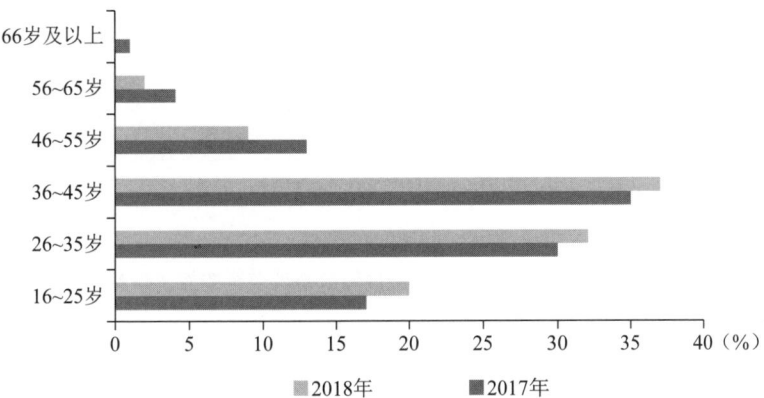

图 5-2　2017年和2018年中国内地赴香港游客的年龄分布

资料来源：香港旅游发展局。

2018年，内地赴港的游客中67%为已婚，与2017年的68%相比略微下降。

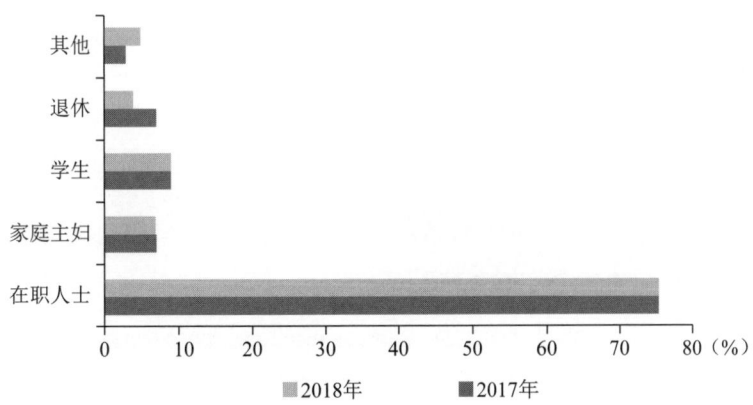

图 5-3　2017年与2018年中国内地赴香港游客的职业分布

资料来源：香港旅游发展局。

度假为中国内地游客访港的主要目的。

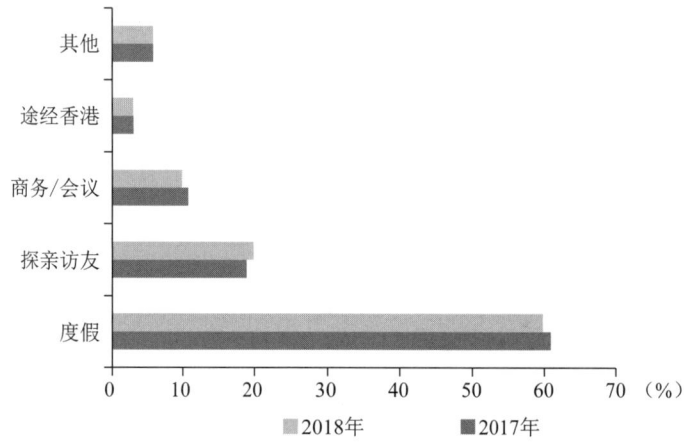

图 5-4　2017 年和 2018 年中国内地赴香港游客的旅游目的分布

资料来源：香港旅游发展局。

2018 年，首次访港的内地入境过夜游客占 17%，与 2017 年相比略微下降；83% 的入境过夜游客是两次及两次以上访港。

大多数内地赴港游客选择结伴而游（35%），各有 16% 左右的游客与亲属/朋友/同事及异性伴侣同行；但与 2017 年相比，二者占比均有下降。单独出行游客占比减少明显。

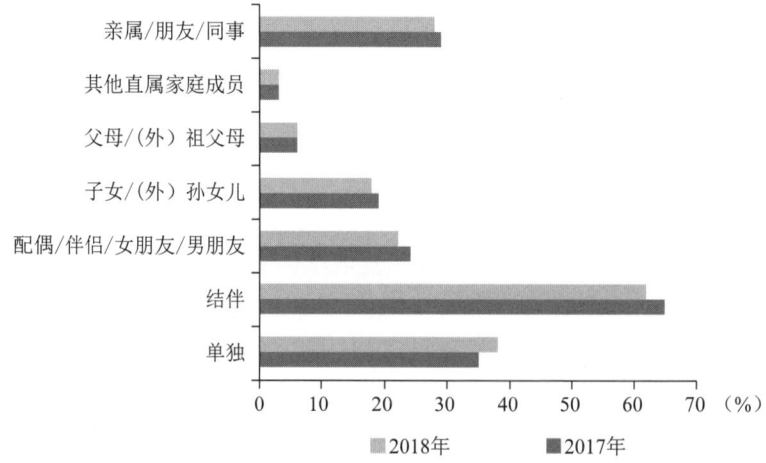

图 5-5　2017 年与 2018 年中国内地赴香港游客的旅游结伴情况

资料来源：香港旅游发展局。

2018年，内地游客在港平均停留时间为3.0晚，与2017年的停留时间3.1相差无几。与2018年香港入境游客的平均停留时间相同，略低于远程客源市场游客的平均停留天数（3.2晚），但高于其他近程客源国市场游客的停留时间。

2018年过夜游客的花费项目主要为购物，占总花费的60.9%。但与2017年相比，购物花费占比上升，住宿、餐饮等项目花费占比有所减少。

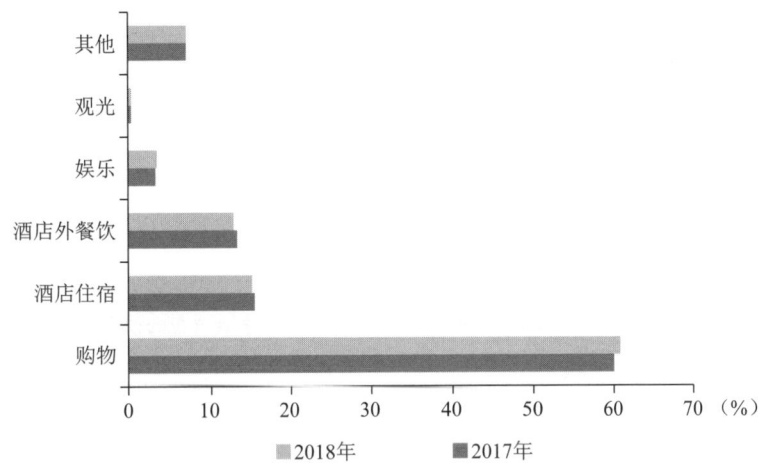

图5-6　2017年和2018年中国内地过夜游客在港消费的结构

资料来源：香港旅游发展局。

内地游客购买的主要商品为化妆品、香水、食品、衣服等物品。

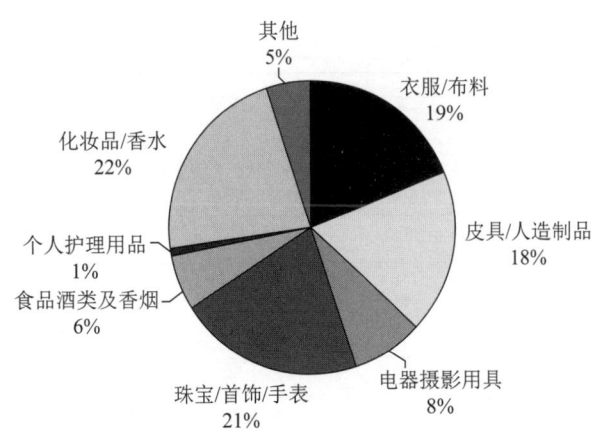

图5-7　2018年中国内地游客在港单项消费的情况

资料来源：香港旅游发展局。

47

2018中国内地游客在港消费的单项产品中，化妆品/香水、珠宝/首饰/手表、衣服/布料所占比重最大，分别占22%、21%、19%。

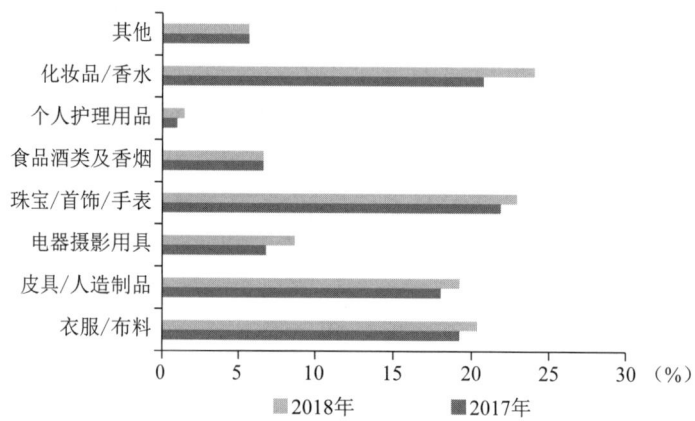

图5-8　2017年与2018年中国内地游客在港单项消费的情况对比
资料来源：香港旅游发展局。

二、中国澳门

中国内地访澳旅游市场规模稳定增长，旅游高峰集中在7、8、12月等月份。与2017年不同的是，2018年2月份内地游客访澳市场出现另一个旅游高峰期。

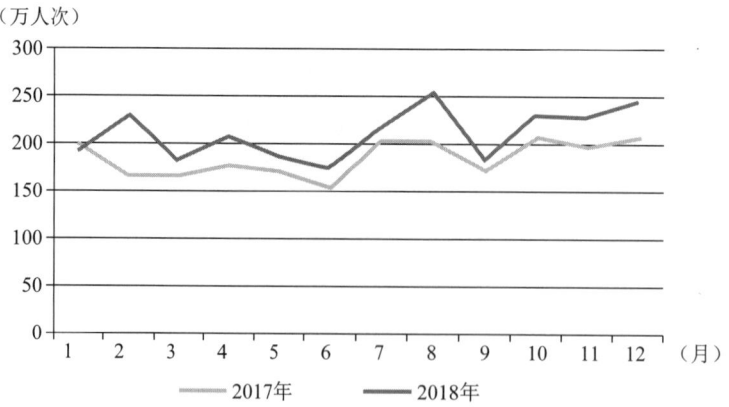

图5-9　2017年和2018年中国内地赴澳门的旅游人次
数据来源：根据澳门政府旅游局官方网站整理。

约 1/4 的内地访澳游客为领导或管理人员，占比最高，之后依次为非在职人士、技术员及辅助专业人员、文员。与 2017 年相比，专业技术人员占比增加，而非在职人员及文员占比减少。

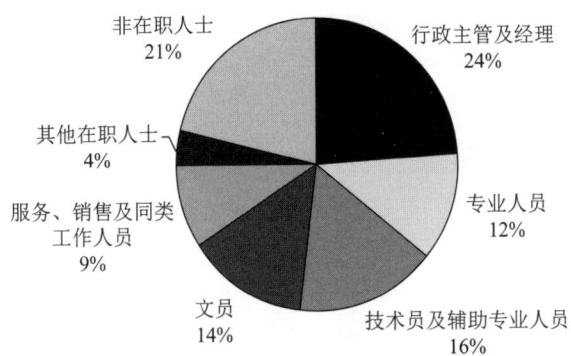

图 5-10　2018 年中国内地赴澳门游客的职业分布

数据来源：根据澳门政府旅游局官方网站整理。

按旅客来澳主要目的统计，内地旅客中有 56.3% 来澳度假，同比增加 1.2 个百分点；为过境（17.0%）及购物而来的占比（12.3%）分别微升 0.2 个百分点及 0.9 个百分点。

更多游客选择高星级酒店住宿。在住宿方面，全年内地旅客有 971.7 万人次入住酒店及公寓，按年增加 12.5%；入住五星级酒店的住客（占 51.3%）上升 17.3%。此外，内地留宿旅客中 73.0% 在酒店及公寓住宿，较 2017 年（72.4%）微升 0.6 个百分点。住客平均留宿 1.3 晚，与 2017 年持平。

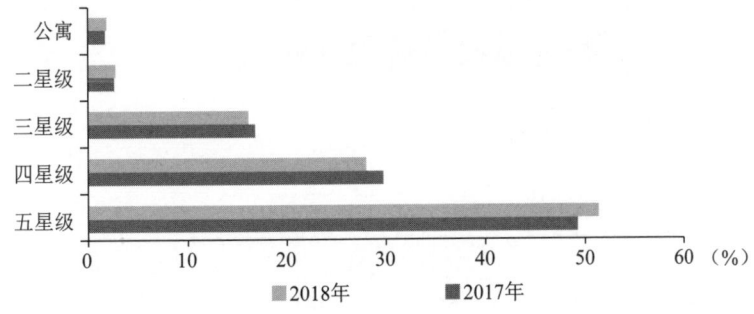

图 5-11　2017 年和 2018 年内地游客赴澳门旅游期间的住宿情况

数据来源：根据澳门政府旅游局官方网站整理。

2018年内地赴澳游客的消费能力有所提高,购物消费依然是主要消费项目,购物消费有所上升。

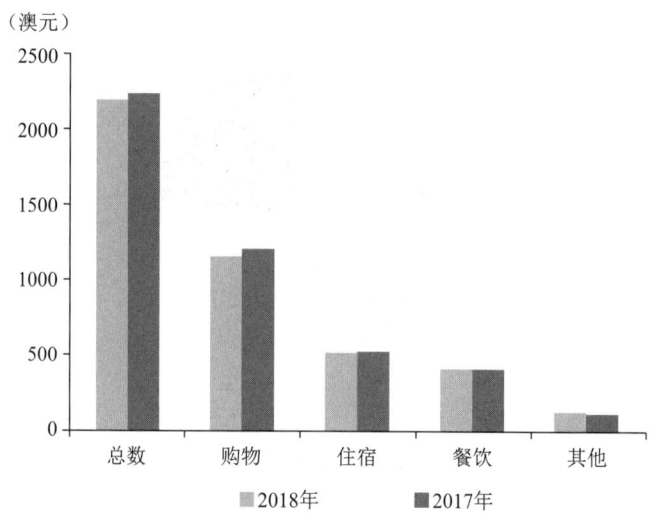

图 5-12　2017 年和 2018 年中国内地游客在澳门旅游人均消费的总体情况

数据来源:根据澳门政府旅游局官方网站整理。

化妆品/香水、手信/食品等日用生活用品是内地游客在澳门的主要购物项目。

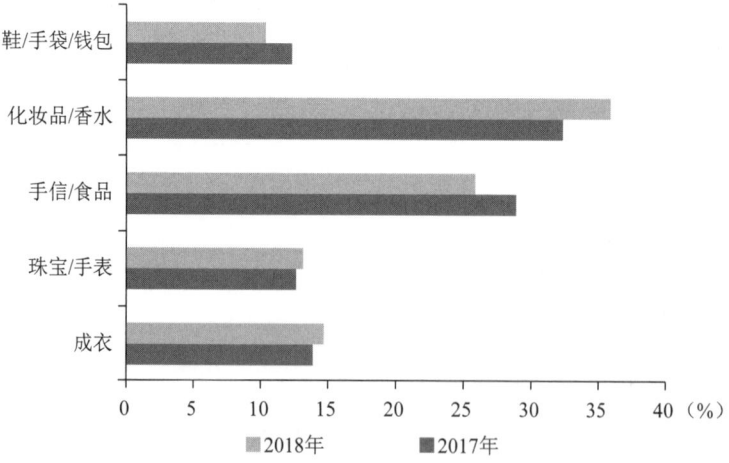

图 5-13　2017 年和 2018 年中国内地游客在澳门购物消费的情况

数据来源:根据澳门政府旅游局官方网站整理。

购物消费占赴澳门游客总消费的一半以上，且比 2017 年有所增加。

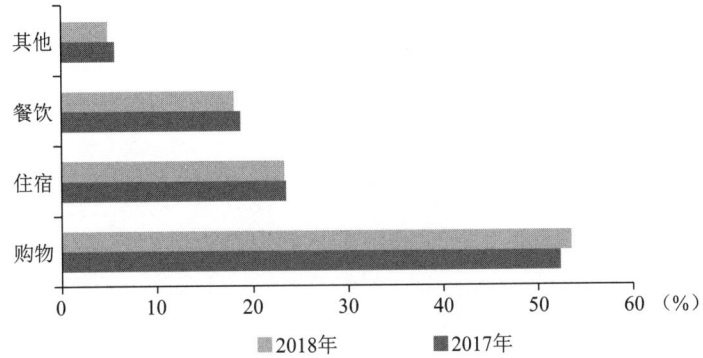

图 5-14　2017 年和 2018 年中国内地游客在澳门单项消费的情况

数据来源：根据澳门政府旅游局官方网站整理。

三、中国台湾

2018 年大陆赴台游客总量保持增长。其中，冬季是赴台旅游的高峰期。

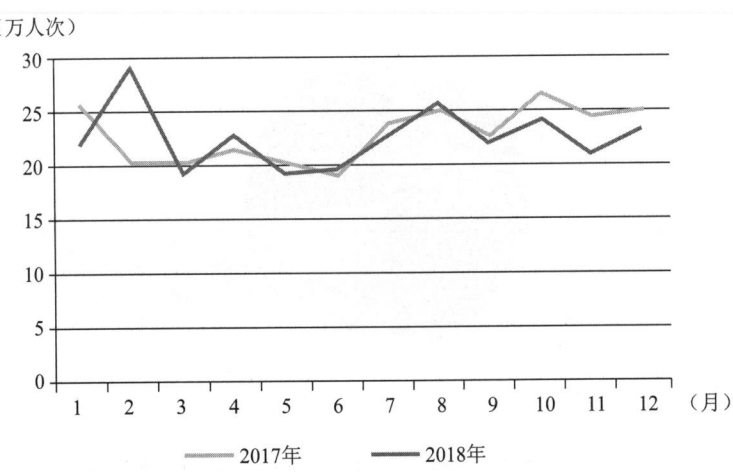

图 5-15　2017 年与 2018 年中国大陆赴台湾的旅游人次

数据来源：根据台湾相关部门资料整理。

2018年，大陆赴台湾旅游者中47.60%为男性，52.40%为女性。相比2017年，男性游客的比重略有增加。

观光依然是中国大陆游客访台的主要目的。

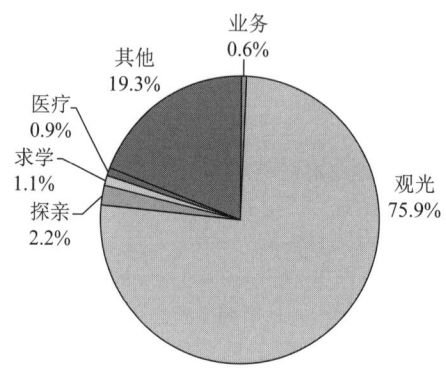

图5-16 2018年中国大陆赴台湾游客的旅游目的分布

2017年赴台湾旅游大陆游客平均每人每天消费184.38美元，与2016年同期的196.43美元相比略微下降。

2017年大陆赴台游客购物消费所占比重最大，约占总数的45.1%。同2016年相比，大陆赴台游客购物花费降低了13.73个百分点。

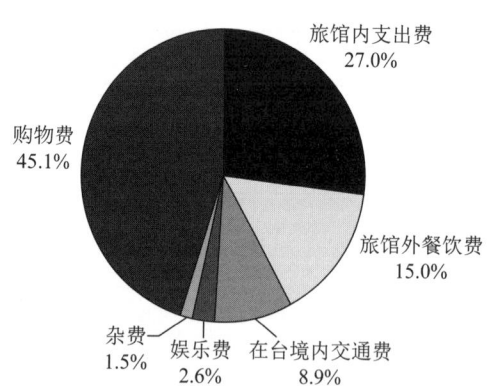

图5-17 2017年中国大陆赴台湾游客的旅游消费结构

资料来源：根据台湾相关部门资料整理。

珠宝玉器、特产、化妆品等为大陆游客在台湾的主要购物项目。

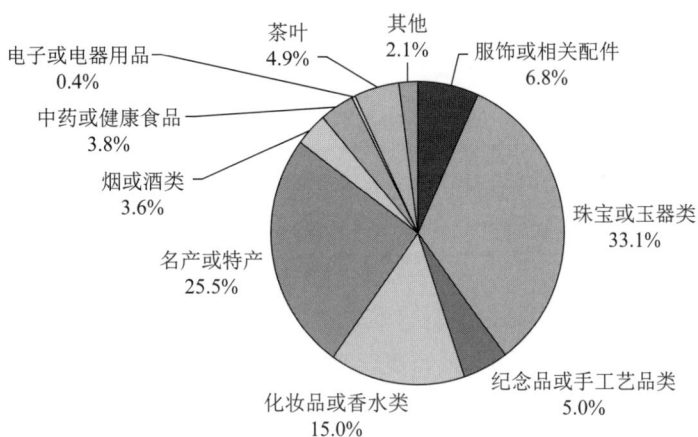

图 5-18　2017 年中国大陆团队游客在台湾单项购物的消费情况

资料来源：根据台湾相关部门资料整理。

四、日本

2018 年，中国赴日本旅游人次达 833 万人次，较 2017 年增长 13.92%。从季度数据来看，三季度是中国居民赴日本旅游的高峰期。

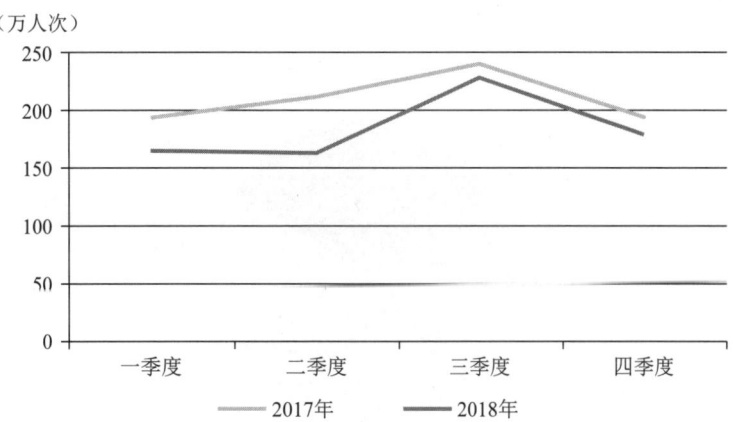

图 5-19　2017 年和 2018 年中国赴日本的旅游人次及变化情况

资料来源：日本政府观光局。

根据 2018 年全年统计数据，56.8% 的中国游客是首次赴日旅游，较 2017 年有所增长。

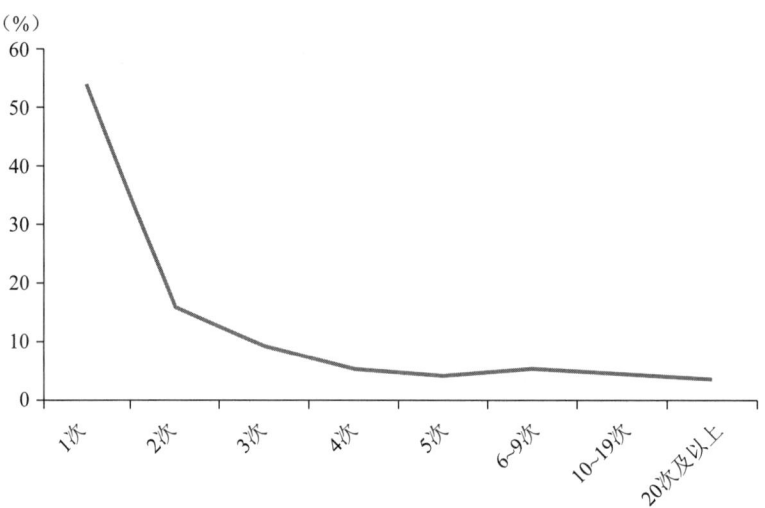

图 5-20　2018 年中国游客访日次数分布

资料来源：日本政府观光局。

2018 年中国游客选择与家庭成员出行的最多，较 2017 年增长了 15.2 个百分点；选择与同事出行的游客减少了 11.8 个百分点。

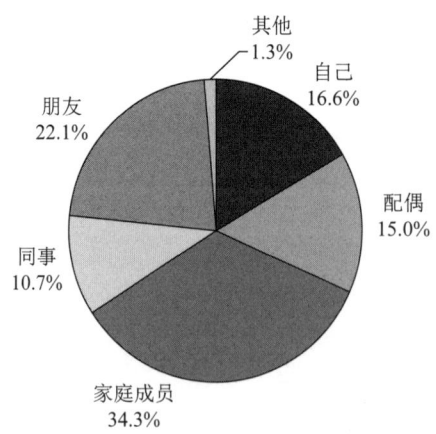

图 5-21　2018 年中国游客访日结伴方式分布

资料来源：日本政府观光局。

2018年,中国赴日游客中29.6%选择跟团出游,11.8%选择自行安排出游,剩余58.6%为半自由行游客。

购物是中国游客赴日游的主要消费项目,占其总花费的29.2%;其次是餐饮,占总花费的24.2%。

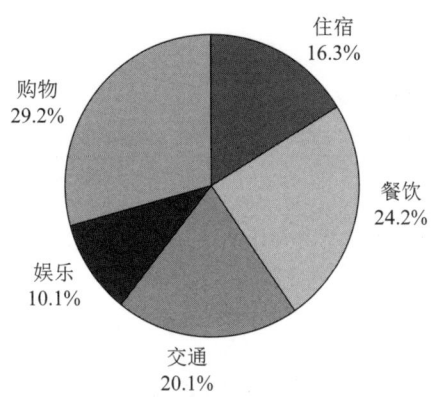

图 5-22　2018年中国游客访日旅游消费分布

资料来源:日本政府观光局。

中国游客(80.96%)赴日游的主要目的是旅游休闲。

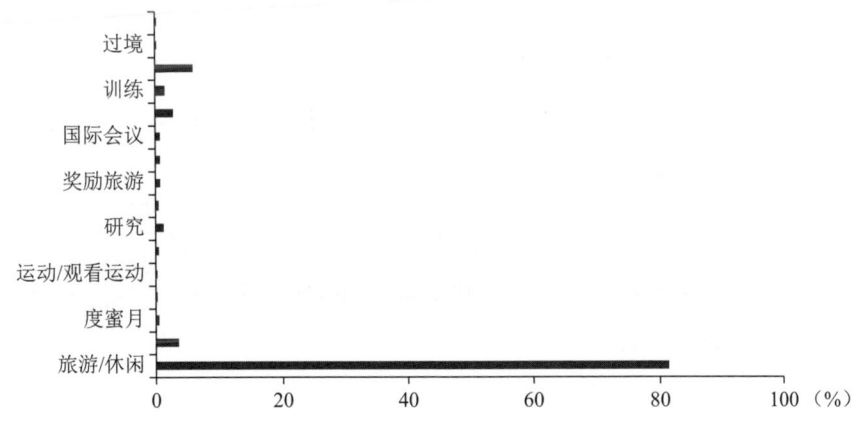

图 5-23　2018年中国游客访日目的分布

资料来源:日本政府观光局。

西式酒店依然是多数访日游客的住宿选择。

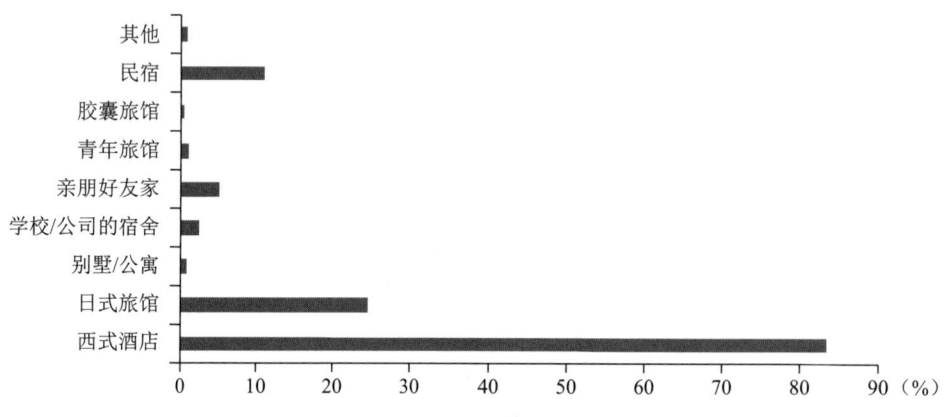

图 5-24　2018 年中国访日游客住宿类型分布

资料来源：日本政府观光局。

2018 年，56.1% 的中国赴日游客停留 4~6 天，较 2017 年增长 2.2 个百分点。

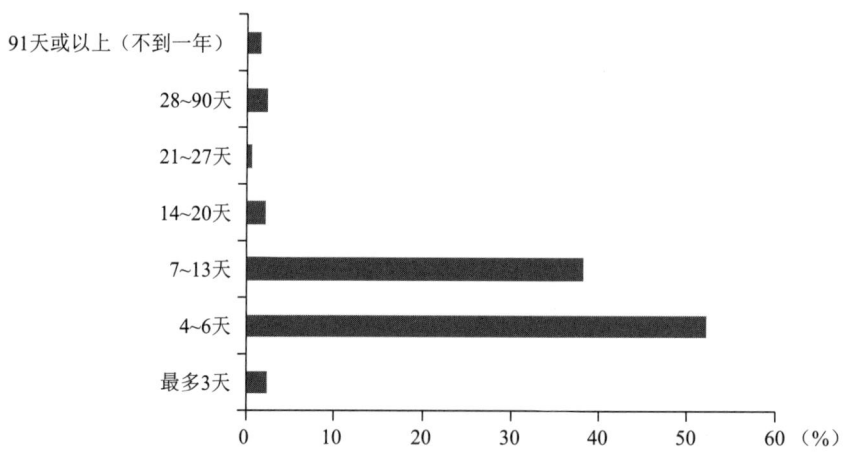

图 5-25　2018 年中国访日游客停留时间长度分布

资料来源：日本政府观光局。

购物、日本料理、自然风光等最为吸引中国游客。

第五章　主要目的地消费特征面面观
Chapter 5　Chinese Tourists' Consumption Characteristics in Major Destinations

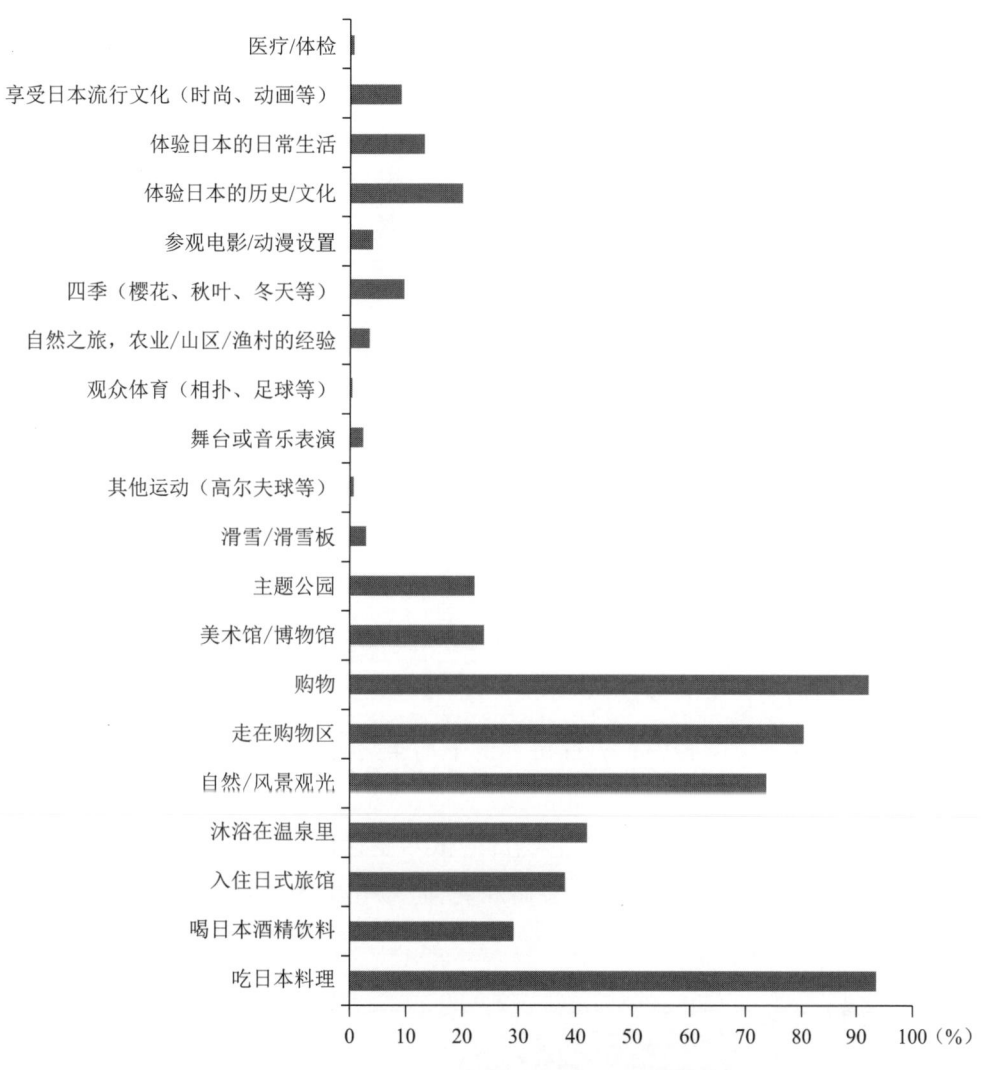

图 5-26　2018 年中国访日游客消费偏好分布

资料来源：日本政府观光局。

五、美国

2018 年中国赴美旅游人数为 299.2 万人次，较 2017 年减少 6 个百分点。总体来看，中国游客赴美旅游规模不断扩大，但近几年的增长速度有所放缓。

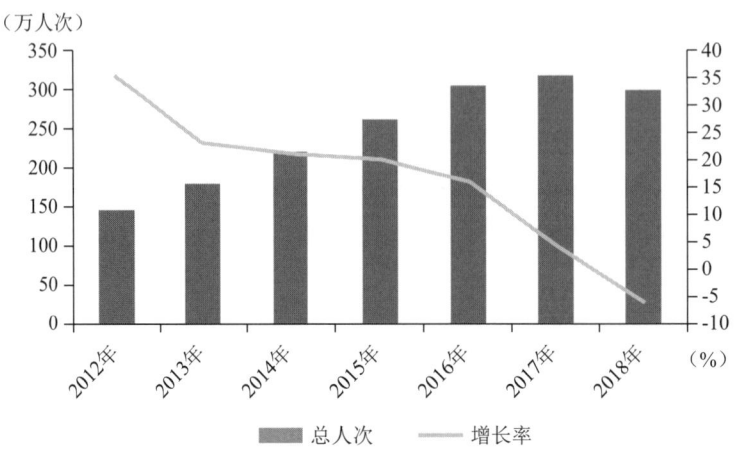

图 5-27　2012—2018 年中国内地及香港赴美游客的人数及增长率情况

资料来源：美国商务部旅行及旅游业办公室。

2018 年，中国前往美国的游客，男性占比 57.2%，女性占比 42.8%。相比 2017 年，女性游客比重略微减少。

2018 年中国赴美游客中，男性游客的平均年龄为 33.8 岁，女性游客的平均年龄 36.1 岁。

2018 年中国游客赴美旅行的主要目的依然是休闲度假，较 2017 年商务公务与探亲访友游客比例下降，修学旅游和展会/演出游客比例上升。

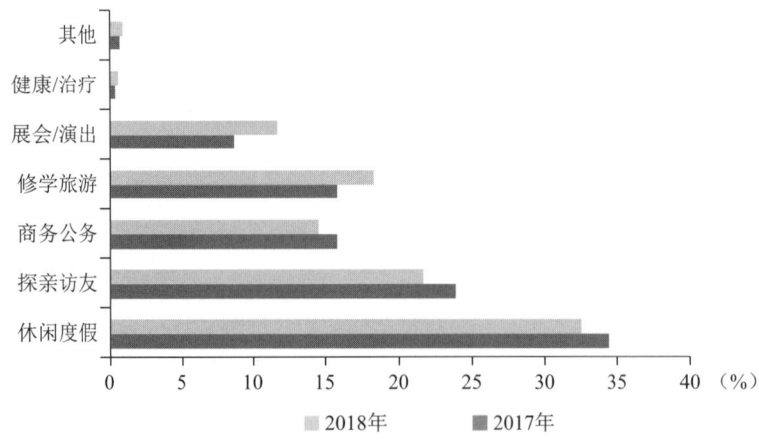

图 5-28　2017 年与 2018 年中国游客赴美国的出行目的

资料来源：美国商务部旅行及旅游业办公室。

第五章　主要目的地消费特征面面观
Chapter 5　Chinese Tourists' Consumption Characteristics in Major Destinations

从2018年的调查统计数据来看，67.4%的中国游客是两次或两次以上访美，第一次访美游客的比例为32.6%。

2018年购物与观光为中国游客赴美主要旅游项目，与2017年相比，主题公园旅游比例下降最多。

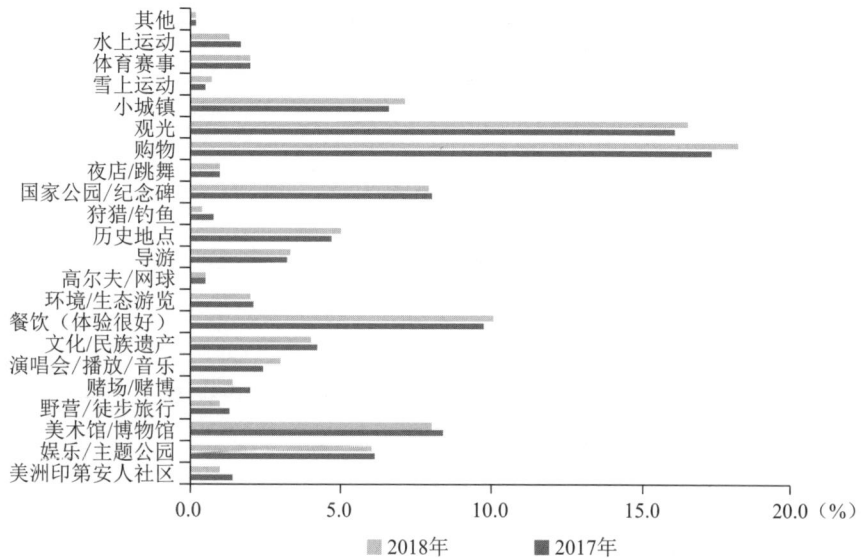

图5-29　2017年与2018年中国游客赴美国的旅游项目选择

资料来源：美国商务部旅行及旅游业办公室。

2018年，通过航空公司和旅行指南来获得旅游信息的游客人数明显增长。

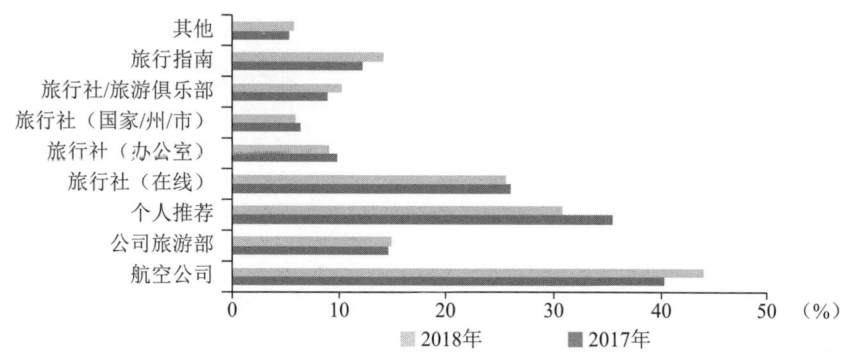

图5-30　2017年与2018年中国游客赴美国的信息来源分布

资料来源：美国商务部旅行及旅游业办公室。

2018年使用私人或公司汽车的游客依然最多，较2017年使用共享乘车服务的游客增长最多，而使用露营车游客依然最少。

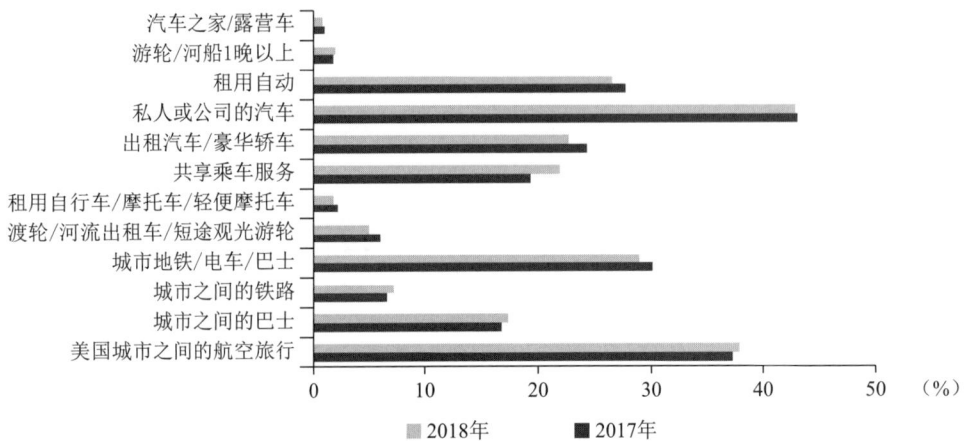

图5-31　2017年与2018年中国游客赴美旅游在美国境内的交通使用情况

资料来源：美国商务部旅行及旅游业办公室。

六、加拿大

七八月份和春节是中国游客赴加拿大旅游的高峰期。

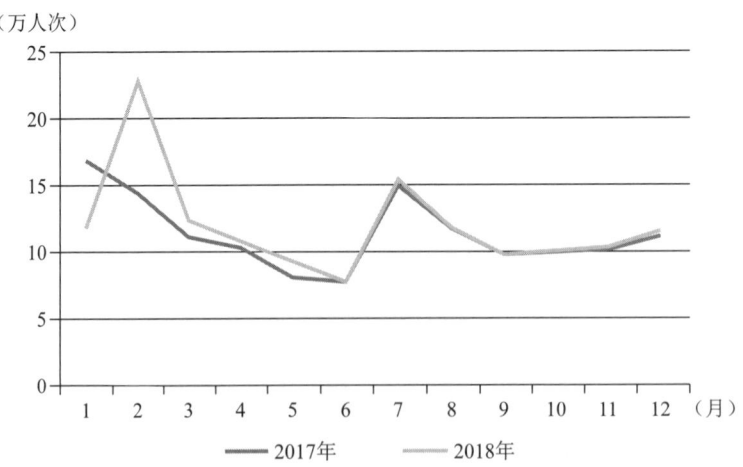

图5-32　2017年和2018年中国赴加拿大的旅游人数

资料来源：加拿大旅游局。

中国访问加拿大的游客主要以中青年为主，35岁以下的游客占比超过35%，35~44岁的游客占28%。

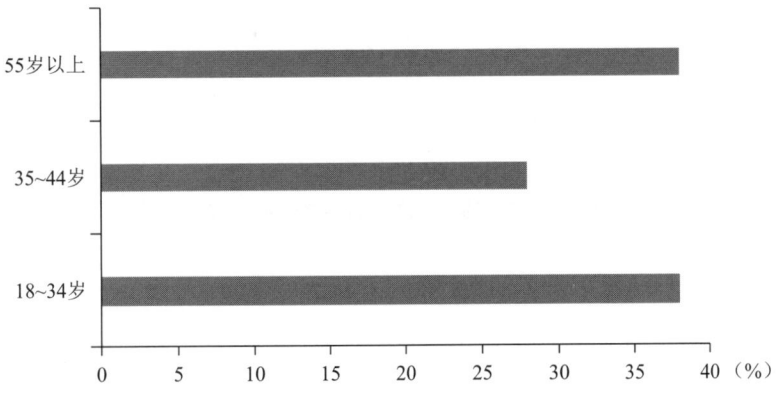

图 5-33　2018 年中国赴加拿大游客的年龄分布

资料来源：加拿大旅游局。

2018 年，中国旅客的主要旅行目的为度假（64%），以教育为目的的占比虽小，但有显著增加。

2018 年，中国游客在加拿大旅游化费 16 亿加拿大元，比 2017 年上升 16.8%。

中国游客在加拿大访问最多的是自然景点。

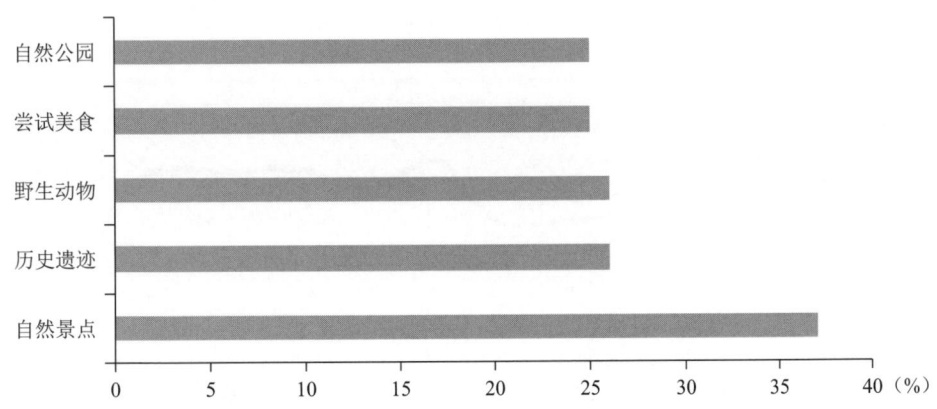

图 5-34　2018 年中国赴加拿大游客主要参与的旅游活动

资料来源：加拿大旅游局。

2018 中国游客主要通过英属哥伦比亚和安大略（分别占 49% 和 58%）进入加拿大。

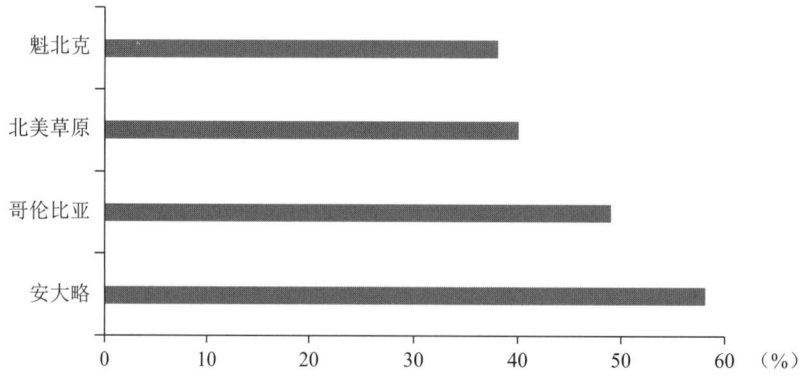

图 5-35　2018 年中国游客赴加拿大旅游的首站停留地区

资料来源：加拿大旅游局。

七、南非

截至 2018 年底，中国内地和中国香港赴南非旅游总人次为 9.71 万，较 2017 年减少 0.1%。从 2017 年和 2018 年的月度数据来看，春节和暑假是中国游客赴南非旅游的高峰期。

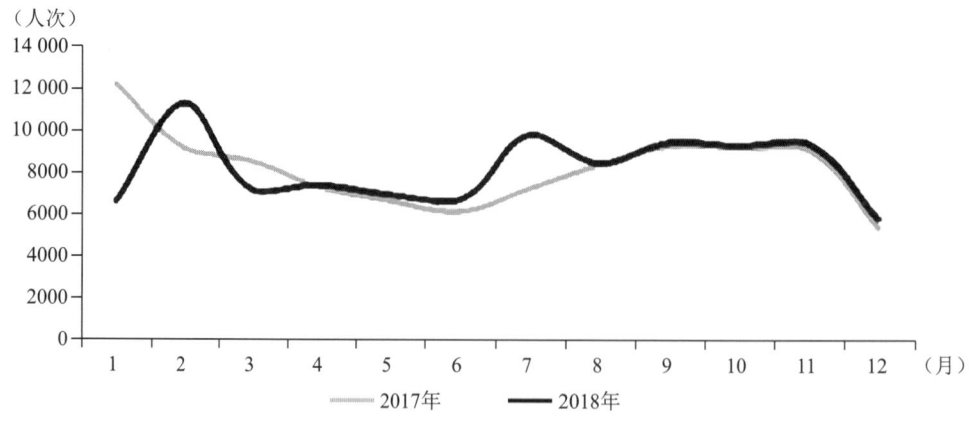

图 5-36　2017 年和 2018 年中国游客赴南非的人数分布情况

资料来源：南非国家旅游局。

2018年赴南非旅行的中国游客集中在25~35岁的年龄段。此外，18~24岁的青年，以及55岁以上的老年人群体占比较2017年有了很大增长。与2017年相比，青年游客取代中年游客成为赴南非旅游的最大群体。

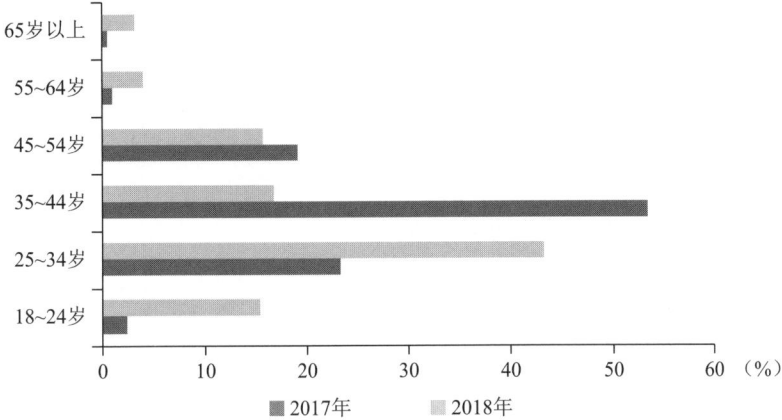

图5-37　2017年和2018年中国赴南非旅游者的年龄分布

资料来源：南非国家旅游局。

与2107年相比，2018年的大部分中国游客以休闲度假为旅游目的，商务旅客的数量较2017年有显著增长。

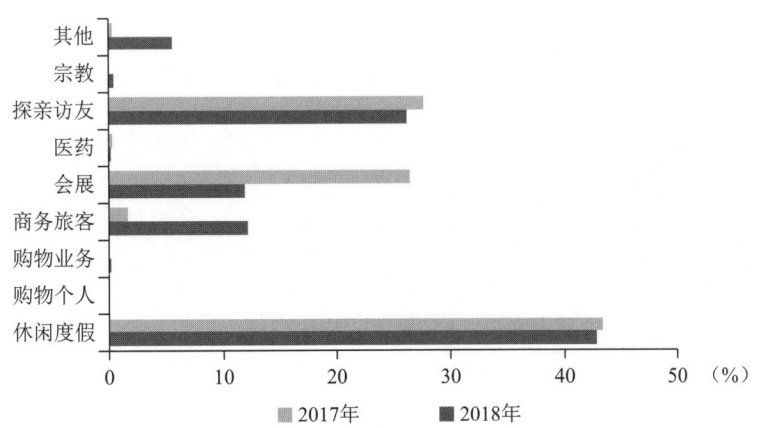

图5-38　2017年和2018年中国赴南非游客的访问目的分布

资料来源：南非国家旅游局。

绝大多数中国游客是首次赴南非旅游，但六次以上赴南非的游客人数较2017年明显增长。

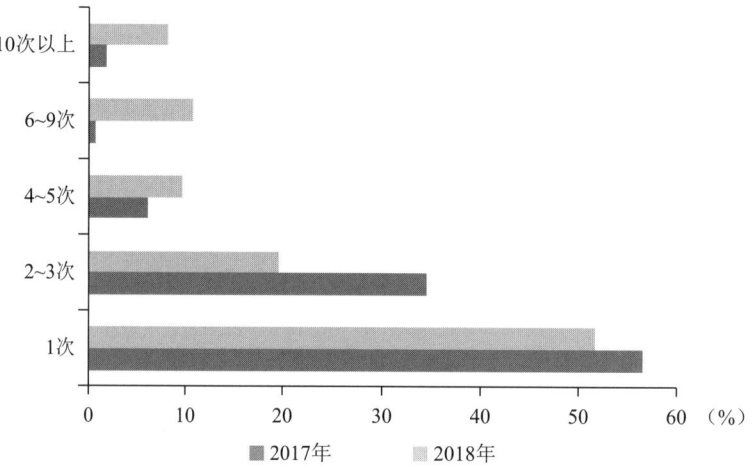

图 5-39　2017 年和 2018 年中国赴南非游客的访问次数分布

资料来源：南非国家旅游局。

2018 年，外出就餐、购物、参观自然景点等活动是中国游客赴南非参与较多的旅游项目。

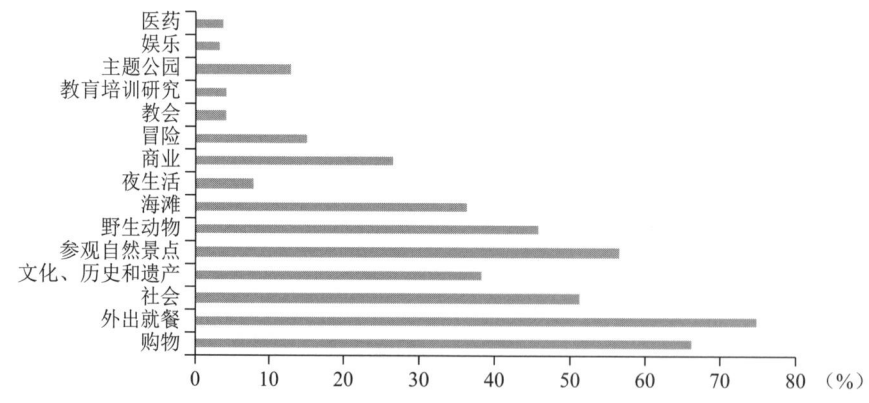

图 5-40　2018 年中国游客在南非的旅游活动安排情况

资料来源：南非国家旅游局。

2018 年，中国游客在南非平均停留时间为 11 天，相比 2017 年，平均停留时间延长。

2018年，豪滕省成为中国游客赴南非的首要旅游地区。

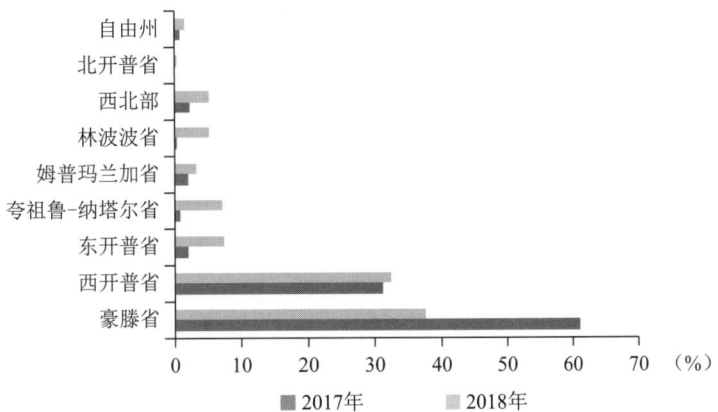

图 5-41　2018 年中国内地游客在南非各省的分布情况

资料来源：南非国家旅游局。

八、澳大利亚

2 月和 12 月为中国赴澳大利亚旅游的高峰期。

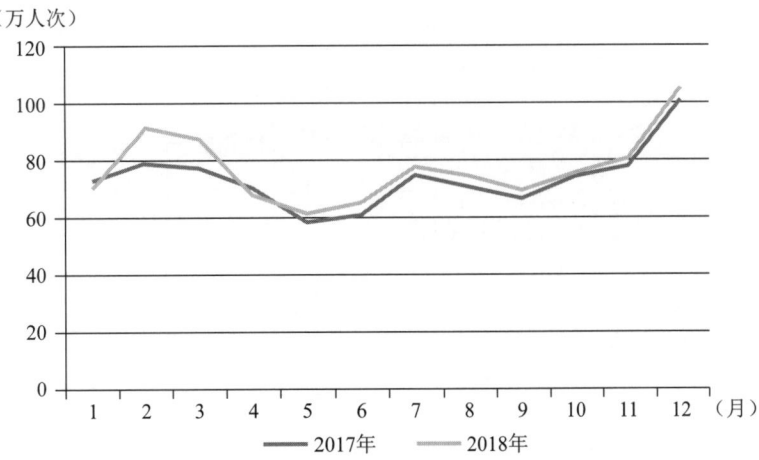

图 5-42　2017 年和 2018 年中国赴澳大利亚的旅游人次及变化情况

资料来源：澳大利亚国家统计局。

2018年，超过一半的中国游客（54%）是两次及两次以上访问澳大利亚。

2018年，中国游客在澳大利亚的平均停留时间为44天，与2017年持平；同年，中国游客在澳大利亚的消费为11.7亿澳元。中国是澳大利亚最大的入境消费市场，约占澳大利亚入境总消费的12.9%.

2018年，中国游客赴澳大利亚旅行消费中，用于教育的费用最高。

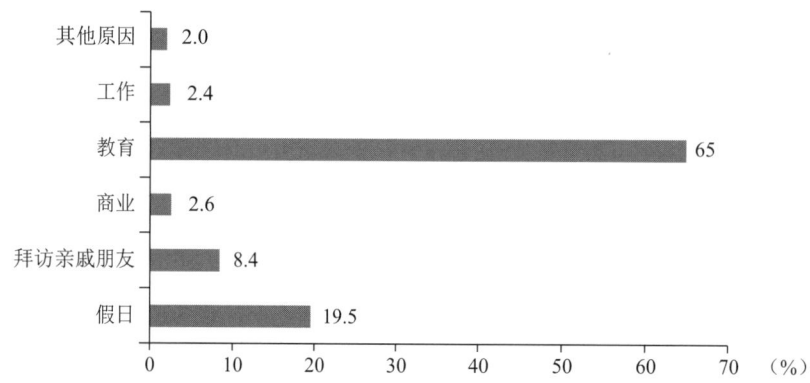

图 5-43　2018年中国游客赴澳大利亚旅游的消费分布

资料来源：澳大利亚国家旅游局。

2018年，中国赴澳大利亚旅行的游客大多投宿在出租房屋/公寓以及朋友亲戚家。

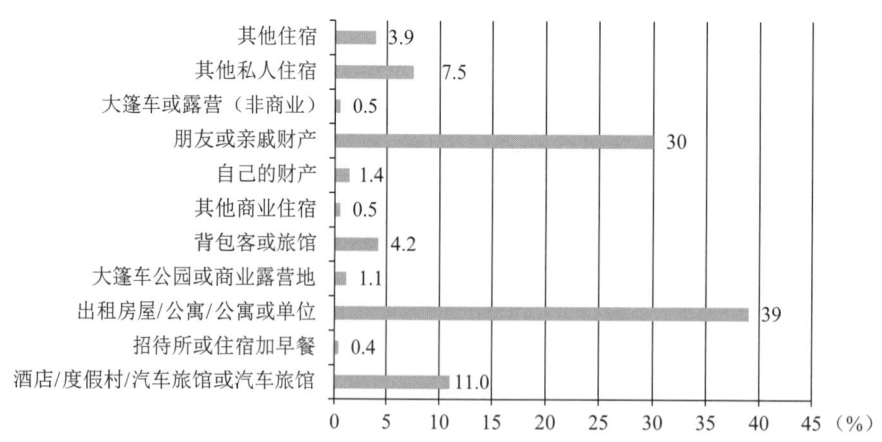

图 5-44　2018年中国游客赴澳大利亚旅游的住宿偏好

资料来源：澳大利亚国家旅游局。

2018年，悉尼和墨尔本对中国游客的吸引力最大。

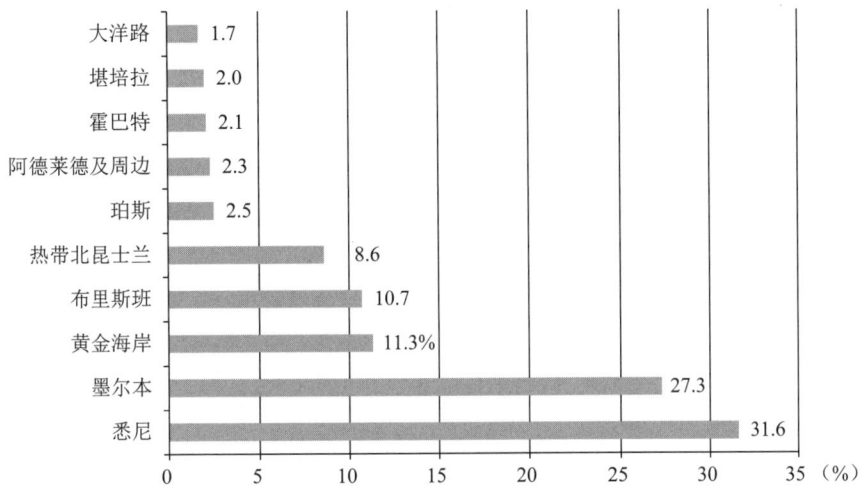

图 5-45　2018 年中国游客对澳大利亚旅游目的地的偏好

资料来源：澳大利亚国家旅游局。

第六章
总体提升中更激烈的满意度竞争

抓住来访游客的心，才能驱动更多游客的行。

2018年，目的地的满意度竞赛持续升温，满意度总体提升。即使有些目的地的位次较2017年下降，但是满意度指标数值也有明显进步。更深入细致地了解中国出境游客的所思所想，为其提供更好的体验，以求在日益激烈的竞争中获取优势，成为目的地的常规做法。

一、看得见的努力、看得见的重游率和抱怨情绪明显上升

2018年，中国公民出境旅游对目的地的总体满意度为8.04，相较2017年的7.87上升明显。总体上属于"基本满意"。出境游客未来重游的可能性和推荐亲朋好友到该目的地旅游的可能性均在7.60以上。

需要指出的是，这一成绩是在中国出境游客越来越不容易满意的情况下取得的，显得更加不容易。

2018年，有抱怨情绪的游客比例约为6.76%，相比2017年的6.0%有明显上升。

有投诉情绪的游客比例为1.82%，相比2017年的1%也有所上升。出境游客投诉处理满意程度较低，平均值为6.56。得分最低的三个目的地是蒙古、澳大利亚和菲律宾，分别为5.33、5.07和4.11分。投诉处理满意度最高的两个目的地是柬埔寨（8.29分）和俄罗斯（8.25分）。

要努力，也要有方向。更精细化也更有效地全面满足中国游客的需求，提升中国游客的体验，将会是目的地需要解决的问题。

第六章　总体提升中更激烈的满意度竞争
Chapter 6　Greater Competition for Satisfaction in Overall Progress

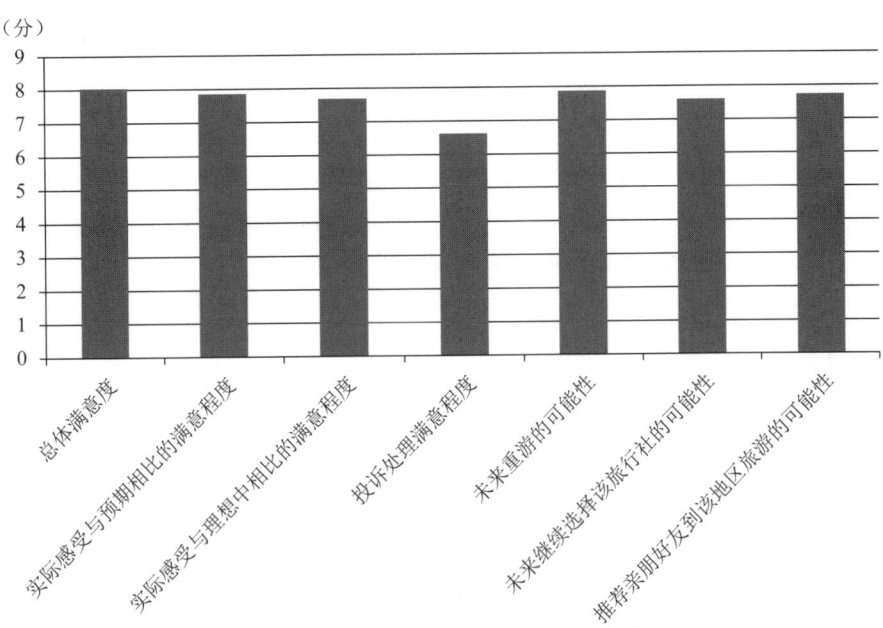

图 6-1　2018 年中国公民出境旅游满意度和影响旅游忠诚度因素的占比

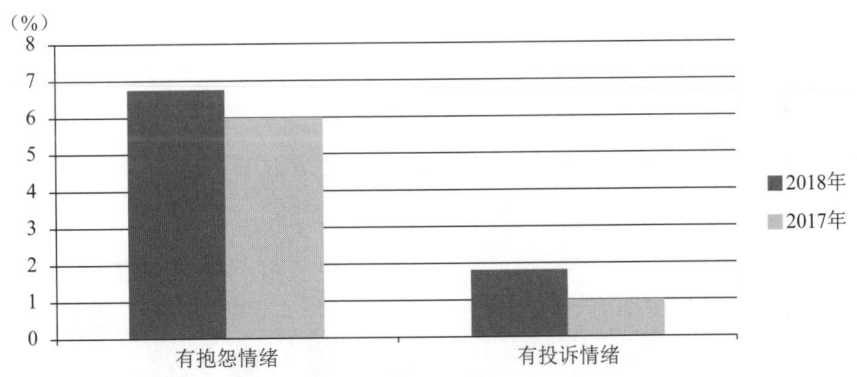

图 6-2　2017 年和 2018 年中国公民出境投诉和抱怨情绪占比

二、日新精进的满意度

2018 年 24 个样本目的地满意度综合评分全部达到 75 分以上的"基本满意"水平。从高到低依次是：西班牙 85.1、美国 83.3、德国 83.2、意大利 82.8、柬埔寨 82.6、菲律宾 82.5、印度尼西亚 82.2、俄罗斯 81.9、印度 81.7、法国

71

81.7、澳大利亚 81.5、新加坡 81.1、英国 80.9、韩国 80.5、日本 80.2、马来西亚 80.02、加拿大 80、越南 79.5、巴西 79.4、新西兰 79.3、泰国 78.8、南非 77.9、阿根廷 77.4、蒙古 75。

2018 年除蒙古外的其他样本目的地的游客满意度都有所提高，其中美国、德国、意大利、法国、澳大利亚等目的地稳定在前列，菲律宾、西班牙、柬埔寨、印度和印度尼西亚等目的地上升明显。

（一）西班牙

1. 游客总体满意度得分及排名

全年到访西班牙的中国公民游客总体满意度为 85.1，在 24 个抽样目的地中排名第一。

2. 问卷调查分析

问卷总体满意度平均得分为 7.65 分，比总体平均分 7.76 分低 0.11 分；得分最高的三项是总体服务质量、现代化程度和交通，得分分别为 8.38、8.18 和 8.18；得分最低的三项是外方导游、农业现代化程度和空气质量，得分分别为 5.71、6.96 和 7.04。

3. 网络评论分析

2018 年西班牙评论调查的游客满意度指数为 77.34，较境外游总体满意度 80.62 的平均值低 3.28。各单项满意度皆高于 72 分。其中，旅行社和总体服务质量得分最高，分别为 80.15 和 80.1 分；满意度最低的是购物，为 72.95 分。

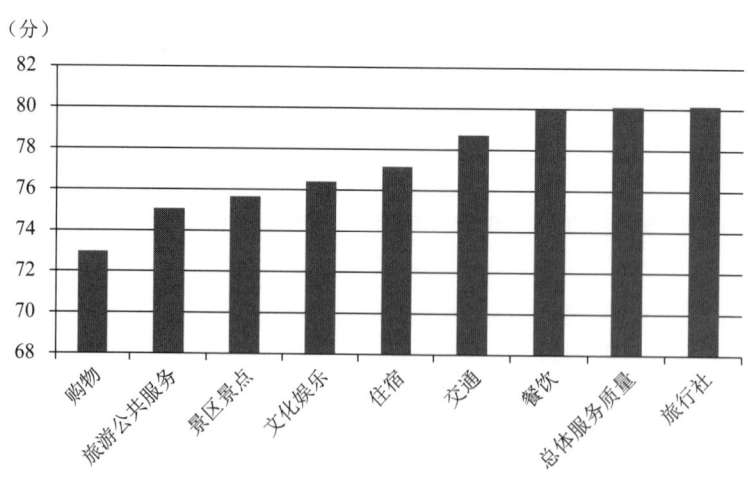

图 6–3　西班牙各窗口服务满意度得分

（二）美国

1. 游客总体满意度得分及排名

全年到访美国的中国公民游客总体满意度为83.3，在24个抽样目的地中排名第二。

2. 问卷调查分析

问卷总体满意度平均得分为7.82分，比总体平均分7.76分高0.06分；得分最高的三项是交通、总体服务质量和景区景点，得分分别为8.53、8.44和8.24；得分最低的三项是中文标识信息、导游和安全感，得分分别为7.29、7.09和6.87。

3. 网络评论分析

2018年美国评论调查的游客满意度指数为82.33，较境外游总体满意度80.62的平均值高1.71。各单项满意度皆高于79分。其中，总体服务质量和交通得分最高，均为84.75分；满意度最低的是购物，为79.95分。

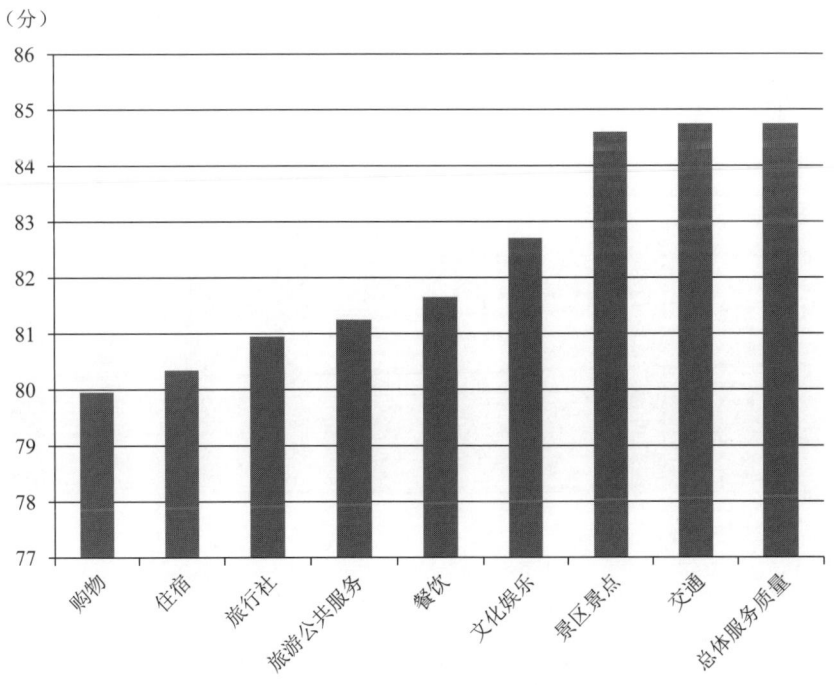

图6-4 美国各窗口服务满意度得分

(三)德国

1. 游客总体满意度得分及排名

全年到访德国的中国公民游客总体满意度为 83.2,在 24 个抽样目的地中排名第三。

2. 问卷调查分析

问卷总体满意度平均得分为 7.73 分,比总体平均分 7.76 分低 0.03 分;得分最高的三项是交通、餐饮和文化娱乐,得分分别为 8.3、8.26 和 8.24;得分最低的三项是园林绿化、交通标识和文化氛围,得分分别为 7.17、7.09 和 7.08。

3. 网络评论分

2018 年德国评论调查的游客满意度指数为 81.47,较境外游总体满意度平均值 80.62 高 0.85。各单项满意度大都高于 79 分。其中,旅行社和景区景点服务满意度得分最高,分别为 83.60、82.85 分;满意度最低的是购物,为 79.15 分。

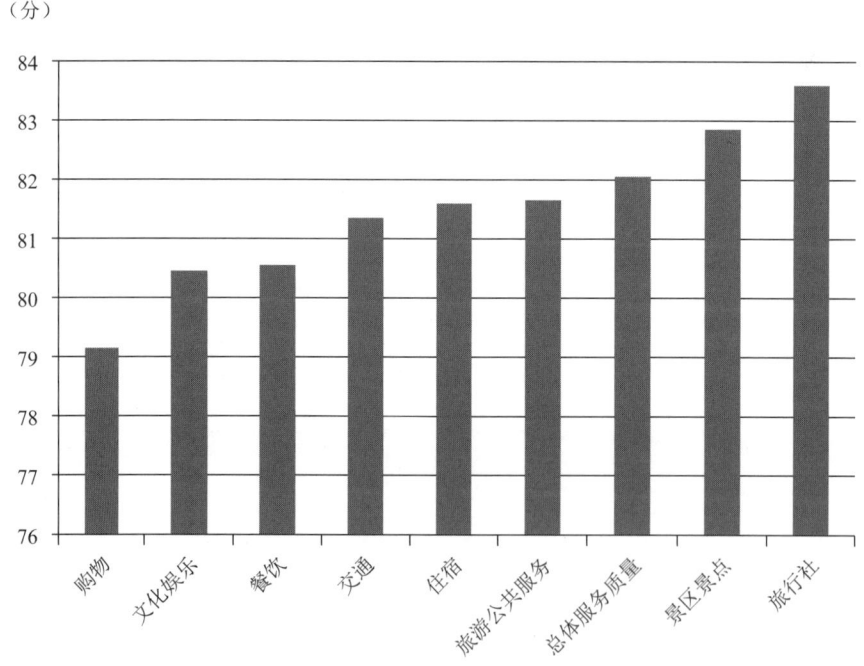

图 6-5 德国各窗口服务满意度得分

（四）意大利

1. 游客总体满意度得分及排名

全年到访意大利的中国公民游客总体满意度为 82.8，在 24 个抽样目的地中排名第四。

2. 问卷调查分析

问卷总体满意度平均得分为 7.76 分，与总体平均分一致；得分最高的三项是交通、总体服务质量和现代化程度得分分别为 8.385、8.35 和 8.29；得分最低的三项是无障碍设施、知名度和导游得分分别为 7.15、7.10 和 5.67。

3. 网络评论分析

2018 年德国评论调查的游客满意度指数为 80.65，较境外游总体满意度平均值 80.62 高 0.03。各单项满意度皆高于 78 分。其中，旅行社和文化娱乐得分最高，分别为 82.55、81.5 分；满意度最低的是餐饮，为 78.5 分。

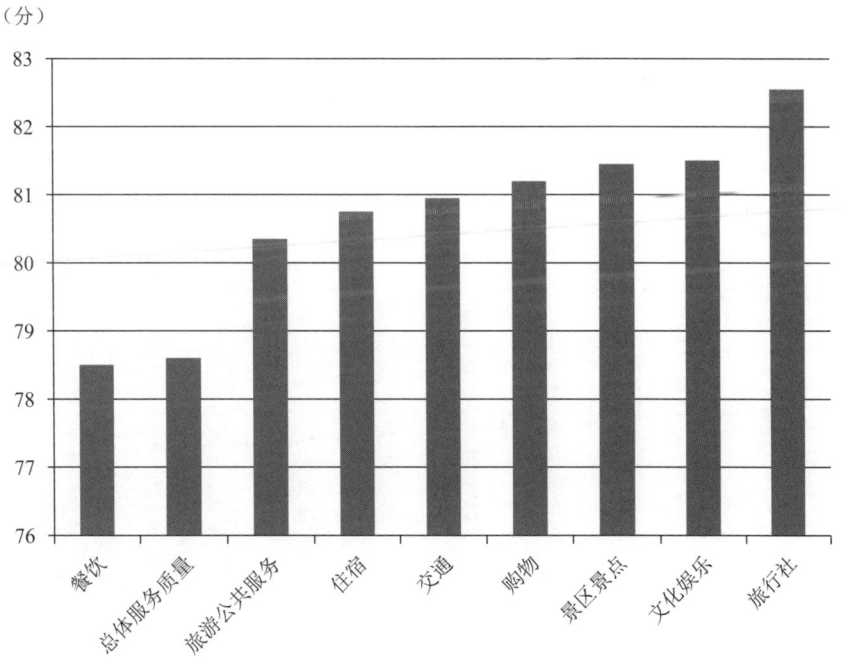

图 6-6 意大利各窗口服务满意度得分

(五)柬埔寨

1. 游客总体满意度得分及排名

全年到访柬埔寨的中国公民游客总体满意度为 82.6,在 24 个抽样目的地中排名第五。

2. 问卷调查分析

问卷总体满意度平均得分为 7.60 分,比总体平均分 7.76 分低 0.16 分;得分最高的三项是总体服务质量、火车站和交通,得分分别为 8.85、8.75 和 8.38;得分最低的三项是市民形象和行为、安全感和文化氛围,得分分别为 6.86、6.77 和 6.75。

3. 网络评论分析

2018 年柬埔寨评论调查的游客满意度指数为 82.6,较境外游总体满意度平均值 80.62 高 1.98。各单项满意度皆高于 78 分。其中,总体服务质量和景区景点得分最高,分别为 87 和 85.7 分;满意度最低的是旅行社,为 78.35 分。

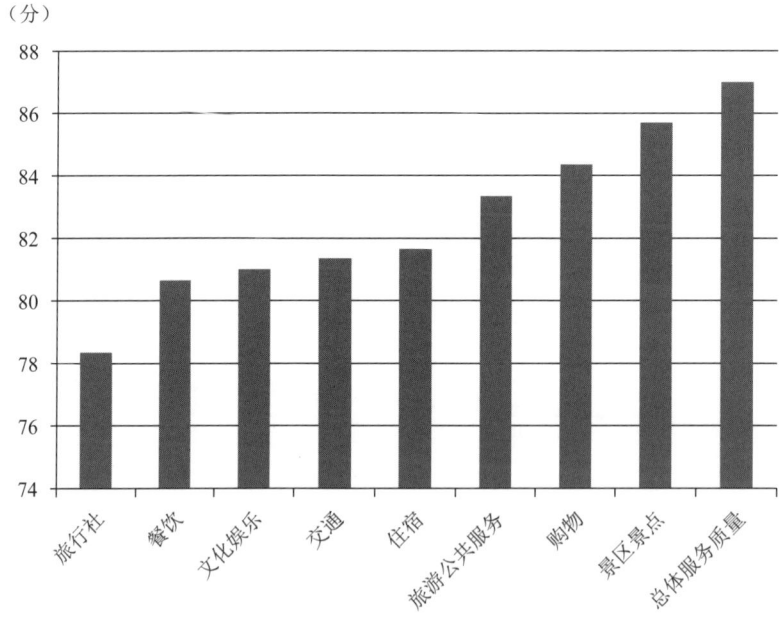

图 6-7 柬埔寨各窗口服务满意度得分

（六）菲律宾

1. 游客总体满意度得分及排名

全年到访菲律宾的中国公民游客总体满意度为 82.5，在 24 个抽样目的地中排名第六。

2. 问卷调查分析

问卷总体满意度平均得分为 7.72 分，比总体平均分 7.76 分低 0.04 分；得分最高的三项是总体服务质量、交通和自然生态，得分分别为 8.52、8.265 和 8.23；得分最低的三项是知名度、卫生设施和导游，得分分别为 7.125、7.02 和 6.17。

3. 网络评论分析

2018 年菲律宾评论调查的游客满意度指数为 80.49，较境外游总体满意度平均值 80.62 低 0.13。各单项满意度皆高于 75 分。其中，总体服务质量和交通得分最高，分别为 84.9 和 82.7 分；满意度最低的是旅游公共服务，为 77.55 分。

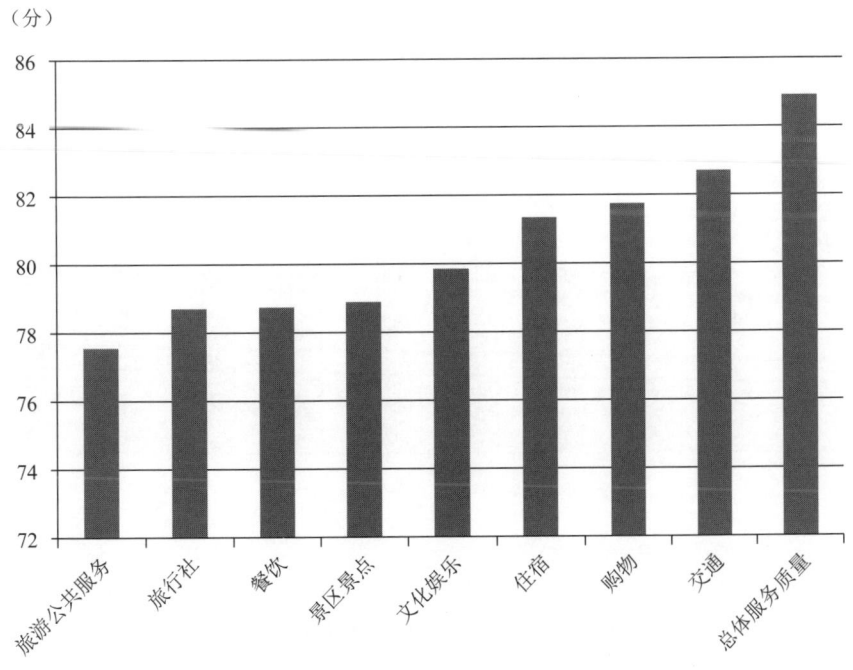

图 6-8　菲律宾各窗口服务满意度得分

（七）印度尼西亚

1. 游客总体满意度得分及排名

全年到访印度尼西亚的中国公民游客总体满意度为 82.2，在 24 个抽样目的地中排名第七。

2. 问卷调查分析

问卷总体满意度平均得分为 7.54 分，比总体平均分 7.76 分低 0.22 分；得分最高的三项是空气质量、美丽程度和自然生态，得分分别为 8.26、8.16 和 8.14；得分最低的三项是文化氛围、安全感和导游，得分分别为 6.96、6.48 和 6.16。

3. 网络评论分析

2018 年印度尼西亚评论调查的游客满意度指数为 79.97，较境外游总体满意度平均值 80.62 低 0.65。各单项满意度皆高于 74 分。其中，旅行社和总体服务质量得分最高，分别为 88.35 和 84.8 分；满意度最低的是购物，为 74.05 分。

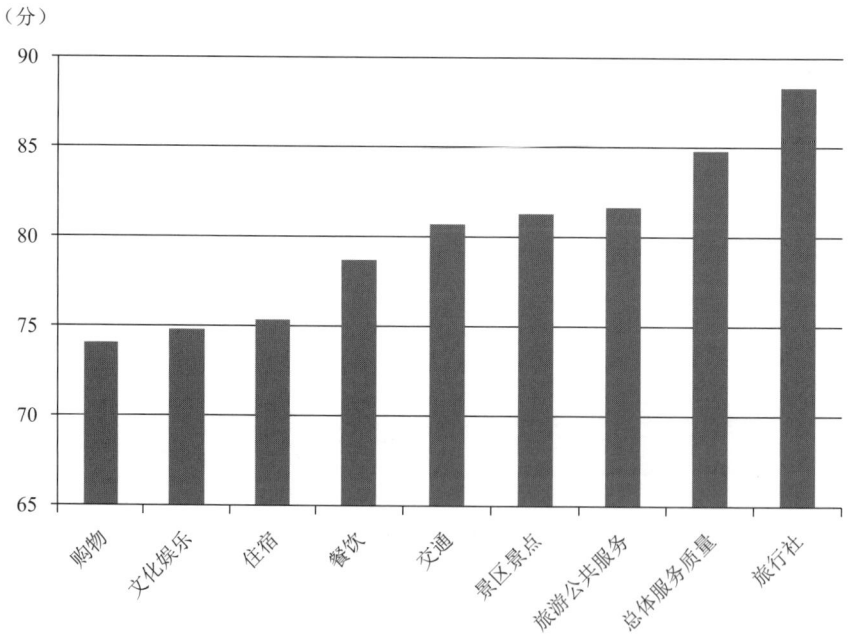

图 6-9 印度尼西亚各窗口服务满意度得分

第六章　总体提升中更激烈的满意度竞争
Chapter 6　Greater Competition for Satisfaction in Overall Progress

（八）俄罗斯

1. 游客总体满意度得分及排名

全年到访俄罗斯的中国公民游客总体满意度为 81.9，在 24 个抽样目的地中排名第八。

2. 问卷调查分析

问卷总体满意度平均得分为 7.63 分，比总体平均分 7.76 分低 0.13 分；得分最高的三项是总体服务质量、交通和火车站，得分分别为 8.77、8.64 和 8.32；得分最低的三项是出租车、导游和无障碍设施，得分分别为 7.07、6.87 和 6.69。

3. 网络评论分析

2018 年俄罗斯评论调查的游客满意度指数为 83.38，较境外游总体满意度平均值 80.62 高 0.60。各单项满意度皆高于 80 分。其中，总体服务质量和旅行社得分最高，分别为 85.85、84.9 分；满意度最低的是购物，为 80.02 分。

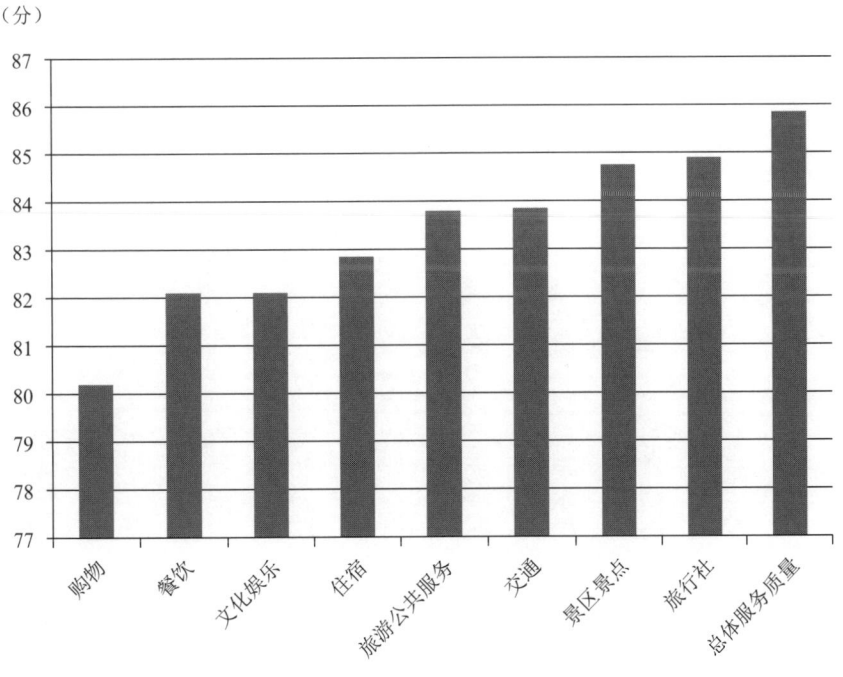

图 6-10　俄罗斯各窗口服务满意度得分

(九)印度

1. 游客总体满意度得分及排名

全年到访印度的中国公民游客总体满意度为 81.7,在 24 个抽样目的地中排名第九。

2. 问卷调查分析

问卷总体满意度平均得分为 7.58 分,比总体平均分 7.76 分低 0.18 分;得分最高的三项是总体服务质量、交通和景区景点,得分分别为 8.61、8.47 和 8.43;得分最低的三项是知名度、无障碍设施和导游,得分分别为 6.95、6.57 和 6.22。

3. 网络评论分析

2018 年印度评论调查的游客满意度指数为 77.91,较境外游总体满意度平均值 80.62 高 0.18。各单项满意度皆高于 75 分。其中,总体服务质量和景区景点得分最高,分别为 80.65、79.7 分;满意度最低的是旅行社,为 75 分。

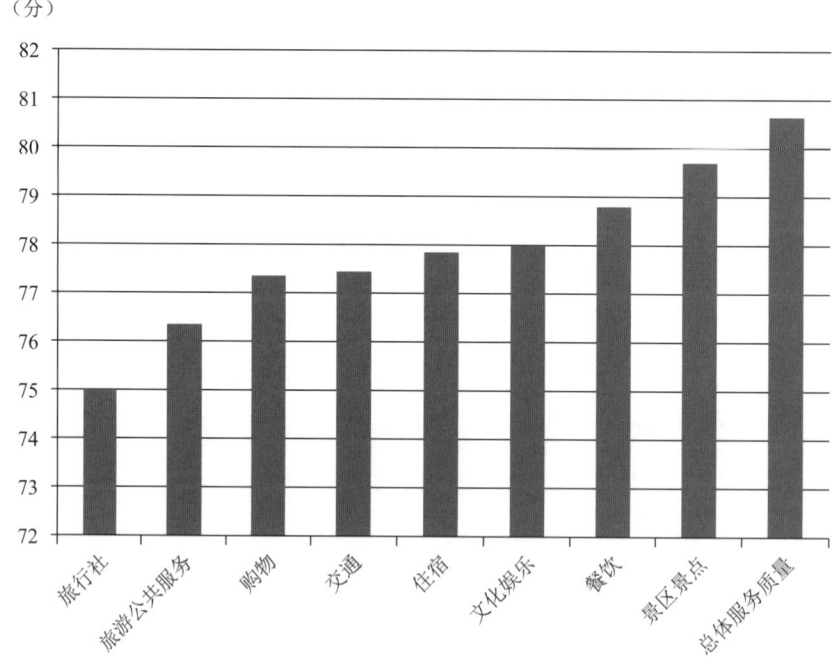

图 6-11 印度各窗口服务满意度得分

（十）法国

1. 游客总体满意度得分及排名

全年到访法国的中国公民游客总体满意度为 81.7，在 24 个抽样目的地中排名第十。

2. 问卷调查分析

问卷总体满意度平均得分为 7.77 分，比总体平均分 7.89 分低 0.12 分；得分最高的三项是总体服务质量、机场和交通，得分分别为 8.57、8.28 和 8.24；得分最低的三项是质量、中文标识信息和导游，得分分别为 7.11、7.08 和 6.90。

3. 网络评论分析

2018 年法国评论调查的游客满意度指数为 81.75，较境外游总体满意度平均值 80.62 高 1.13。各单项满意度皆高于 80 分。其中，总体服务质量和旅行社得分最高，分别为 84.1、83.4 分；满意度最低的是文化娱乐，为 80.35 分。

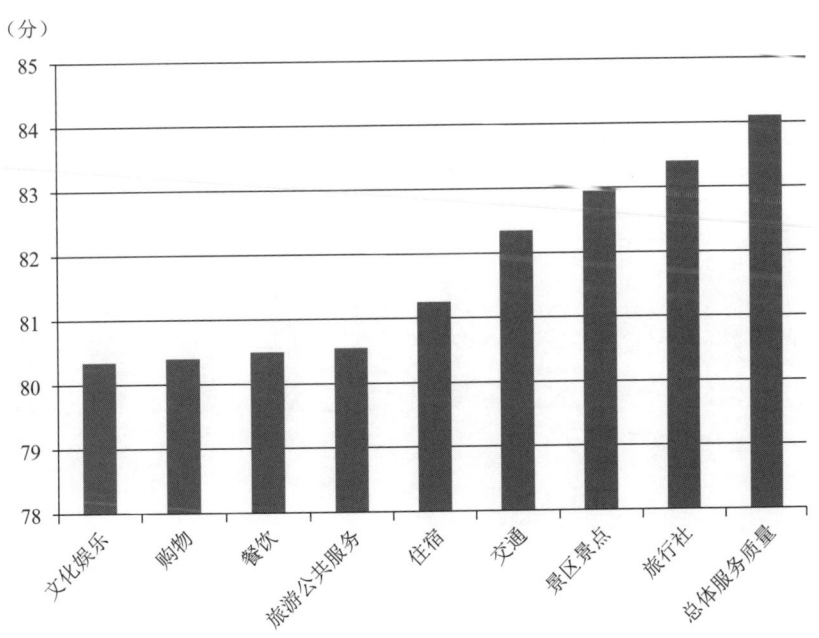

图 6-12　法国各窗口服务满意度得分

（十一）澳大利亚

1. 游客总体满意度得分及排名

全年到访澳大利亚的中国公民游客总体满意度为 81.5，在 24 个抽样目的地中排名第十一。

2. 问卷调查分析

问卷总体满意度平均得分为 7.69 分，比总体平均分 7.76 分低 0.07 分；得分最高的三项是应急救援系统、旅行社和美丽程度，得分分别为 8.22、8.16 和 8.14；得分最低的三项是手机信号覆盖、知名度和导游，得分分别为 7.23、7.05 和 6.47。

3. 网络评论分析

2018 年澳大利亚评论调查的游客满意度指数为 81.17，较境外游总体满意度平均值 80.62 高 0.55。各单项满意度皆高于 79 分。其中，旅行社和总体服务质量得分最高，分别为 83.4、83.1 分；满意度最低的是购物，为 79.3 分。

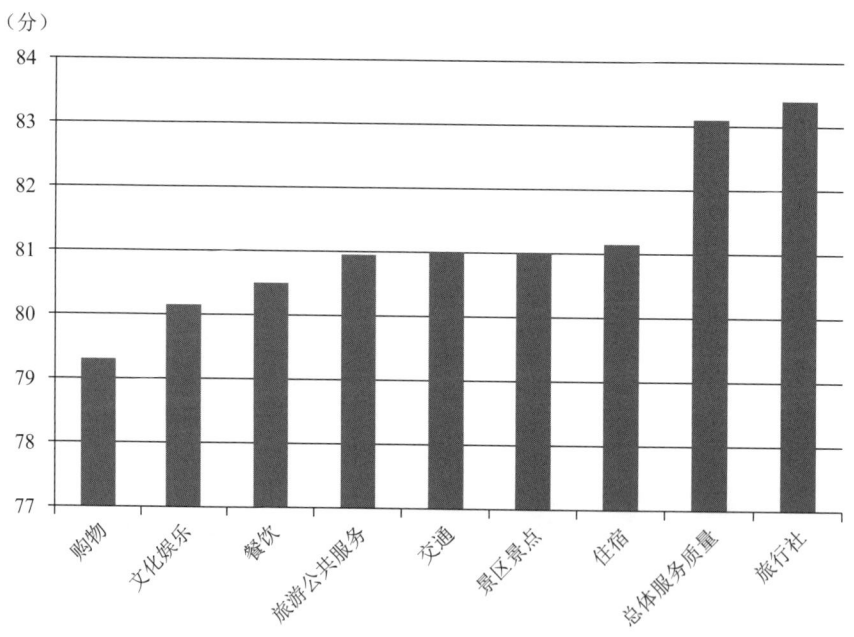

图 6-13　澳大利亚各窗口服务满意度得分

（十二）新加坡

1. 游客总体满意度得分及排名

全年到访新加坡的中国公民游客总体满意度为 81.1，在 24 个抽样目的地中排名第十二。

2. 问卷调查分析

问卷总体满意度平均得分为 7.73 分,比总体平均分 7.76 分低 0.03 分;得分最高的三项是旅行社、现代化程度和火车站,得分分别为 8.23、8.16 和 8.12;得分最低的三项是卫生设施、知名度和导游,得分分别为 7.21、7.11 和 6.65。

3. 网络评论分析

2018 年新加坡评论调查的游客满意度指数为 81.99,较境外游总体满意度平均值 80.62 高 1.37。各单项满意度大都高于 79 分。其中,旅行社和总体服务质量得分最高,分别为 85.8、84.45 分;满意度最低的是购物,为 79.15 分。

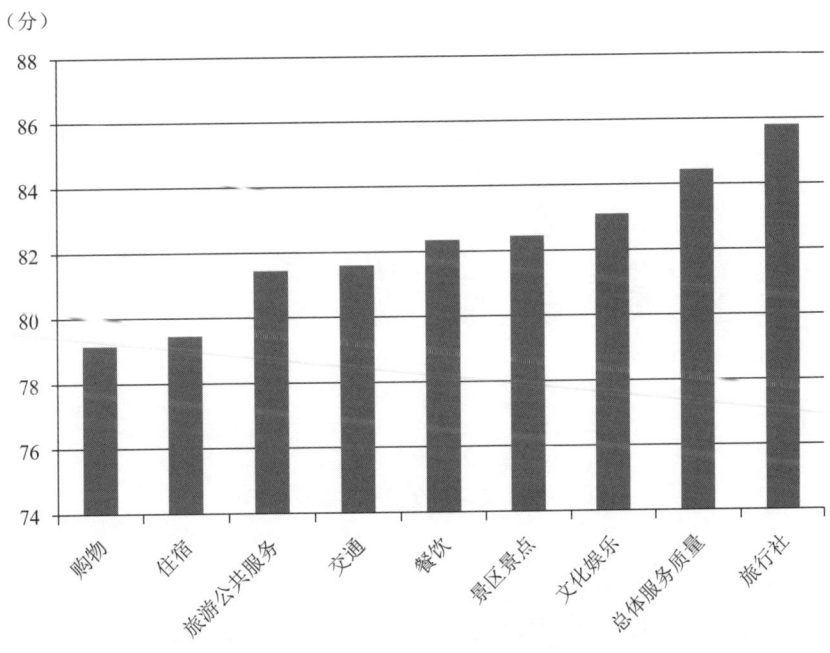

图 6-14 新加坡各窗口服务满意度得分

(十三)英国

1. 游客总体满意度得分及排名

全年到访英国的中国公民游客总体满意度为 80.9,在 24 个抽样目的地中排名第十三。

2. 问卷调查分析

问卷总体满意度平均得分为 7.93 分,比总体平均分 7.76 分高 0.17 分;得分最高的三项是总体服务质量、供电和美丽程度,得分分别为 8.57、8.54 和 8.46;

得分最低的三项是自驾车、安全感和导游，得分分别为 7.24、7.14 和 7.02。

3. 网络评论分析

2018 年英国评论调查的游客满意度指数为 81.59，较境外游总体满意度平均值 80.62 高 0.97。各单项满意度皆高于 78 分。其中，旅行社和景区景点得分最高，分别为 86.95 和 83.5 分；满意度最低的是住宿，为 78.1 分。

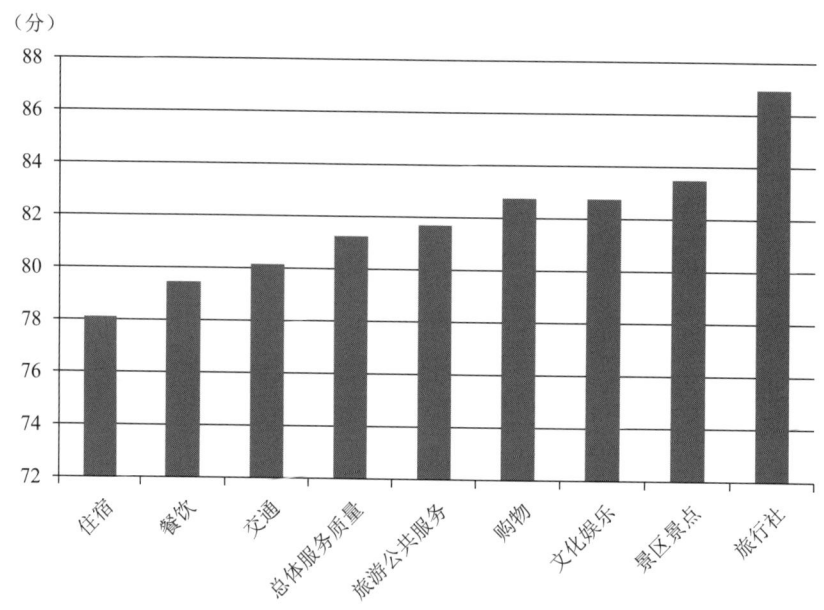

图 6-15　英国各窗口服务满意度得分

（十四）韩国

1. 游客总体满意度得分及排名

全年到访韩国的中国公民游客总体满意度为 80.5，在 24 个抽样目的地中排名第十四。

2. 问卷调查分析

问卷总体满意度平均得分为 7.78 分，比总体平均分 7.76 分高 0.02 分；得分最高的三项是总体服务质量、火车站和互联网覆盖，得分分别为 8.29、8.19 和 8.19；得分最低的三项是文化氛围、无障碍设施和导游，得分分别为 7.52、7.43 和 6.97。

3. 网络评论分析

2018 年韩国评论调查的游客满意度指数为 78.96，较境外游总体满意度平均值 80.62 低 1.66。各单项满意度皆高于 76.5 分。其中，总体服务质量和旅游公共服务得分最高，分别为 81.55、79.85 分；满意度最低的是购物，为 76.5 分。

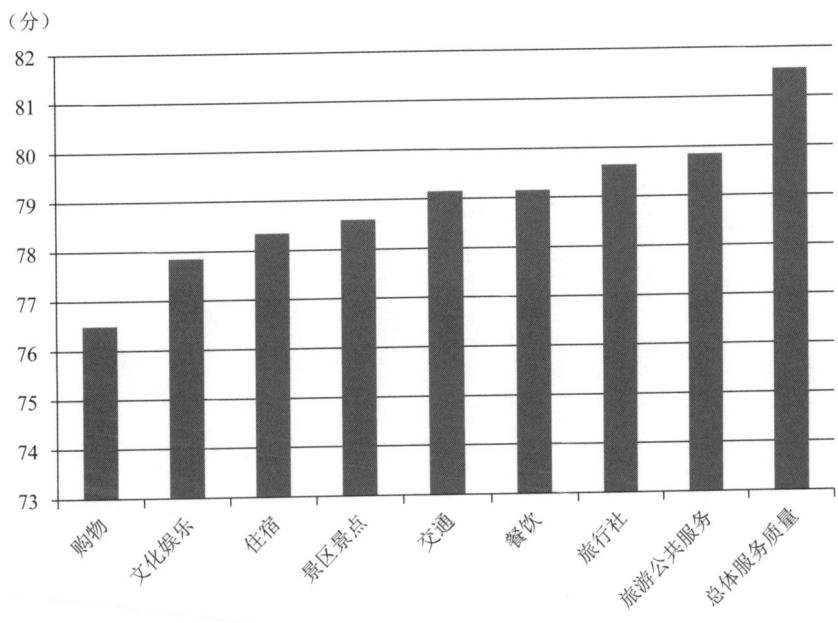

图 6-16　韩国各窗口服务满意度得分

（十五）日本

1. 游客总体满意度得分及排名

全年到访日本的中国公民游客总体满意度为 80.2，在 24 个抽样目的地中排名第十五。

2. 问卷调查分析

问卷总体满意度平均得分为 7.78 分，比总体平均分 7.76 分高 0.02 分；得分最高的三项是总体服务质量、交通和火车站，得分分别为 8.795、8.35 和 8.22；得分最低的三项是文化氛围、知名度和导游，得分分别为 7.37、7.30 和 6.82。

3. 网络评论分析

2018 年日本评论调查的游客满意度指数为 81.71，较境外游总体满意度平均值 80.62 高 1.09。各单项满意度皆高于 80 分。其中，总体服务质量和旅行社得分最高，分别为 84.65、82.4 分；满意度最低的是餐饮，为 80.6 分。

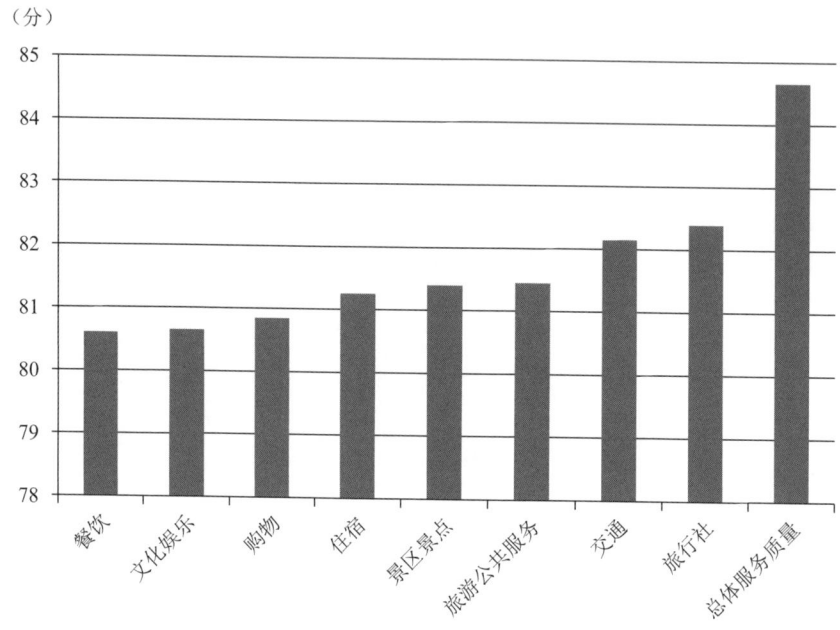

图 6-17　日本各窗口服务满意度得分

（十六）马来西亚

1. 游客总体满意度得分及排名

全年到访马来西亚的中国公民游客总体满意度为 80.02，在 24 个抽样目的地中排名第十六。

2. 问卷调查分析

问卷总体满意度平均得分为 7.76 分，与总体平均分一致；得分最高的三项是总体服务质量、交通和空气质量，得分分别为 8.63、8.22 和 8.19；得分最低的三项是工业旅游、无障碍设施和导游，得分分别为 7.38、7.36 和 6.98。

3. 网络评论分析

2018 年马来西亚评论调查的游客满意度指数为 81.66，较境外游总体满意度平均值 80.62 高 1.04。各单项满意度皆高于 78 分。其中，旅行社和总体服务质量得分最高，分别为 83.95 和 83.7 分；满意度最低的是旅游公共服务，为 78.8 分。

第六章　总体提升中更激烈的满意度竞争
Chapter 6　Greater Competition for Satisfaction in Overall Progress

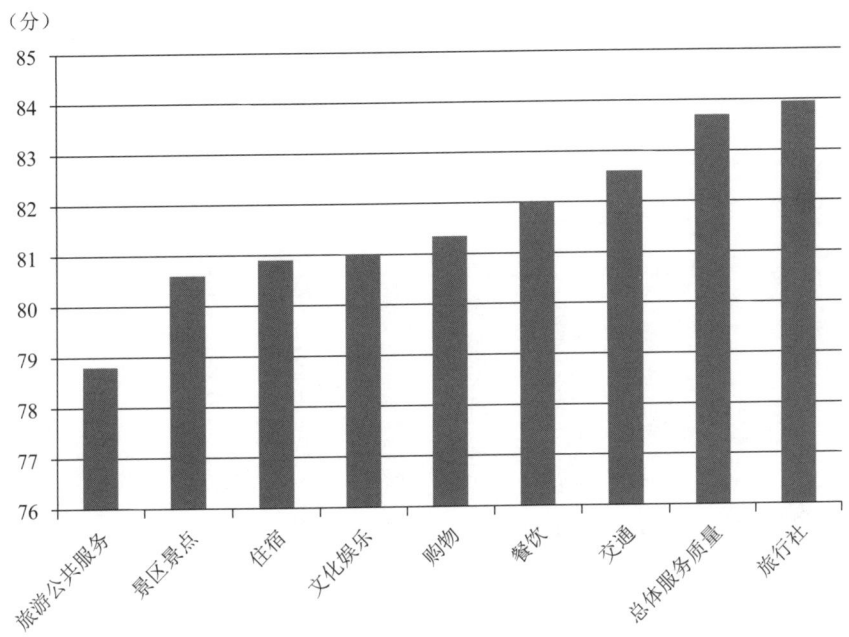

图 6-18　马来西亚各窗口服务满意度得分

（十七）加拿大

1. 游客总体满意度得分及排名

全年到访加拿大的中国公民游客总体满意度为 80，在 24 个抽样目的地中排名第十七。

2. 问卷调查分析

问卷总体满意度平均得分为 7.63 分，比总体平均分 7.76 分低 0.13 分；得分最高的三项是交通、总体服务质量和旅行社，得分分别为 8.35、8.12 和 8.11；得分最低的三项是民俗特色、出租车和导游，得分分别为 7.21、7.19 和 6.22。

3. 网络评论分析

2018 年加拿大评论调查的游客满意度指数为 80.1，较境外游总体满意度平均值 80.62 低 0.52。各单项满意度皆高于 70 分。其中，旅行社和总体服务质量得分最高，分别为 82.9、80.95 分；满意度最低的是购物，为 67.91 分。

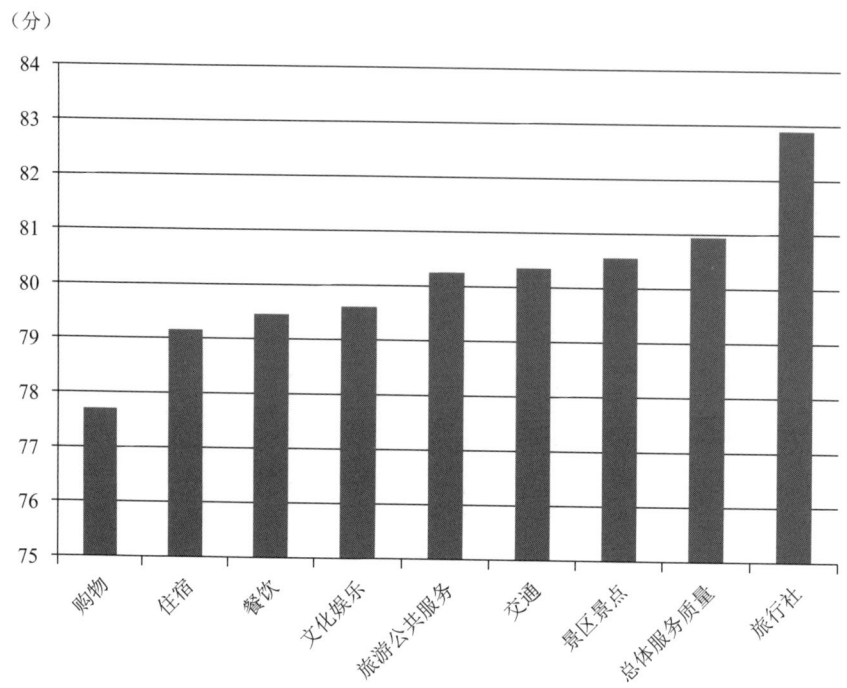

图 6-19 加拿大各窗口服务满意度得分

（十八）越南

1.游客总体满意度得分及排名

全年到访越南的中国公民游客总体满意度为 79.5，在 24 个抽样目的地中排名第十八。

2.问卷调查分析

问卷总体满意度平均得分为 7.55 分，比总体平均分 7.76 分低 0.21 分；得分最高的三项是火车站、交通和餐饮，得分分别为 8.25、8.11 和 7.95；得分最低的三项是文化氛围、知名度和导游，得分分别为 7.05、6.94 和 6.49。

3.网络评论分析

2018 年越南评论调查的游客满意度指数为 76.85，较境外游总体满意度平均值 80.62 低 3.77。各单项满意度皆高于 71 分。其中，住宿和餐饮得分最高，分别为 80.7、80.05 分；满意度最低的是旅行社，为 71.15 分。

第六章 总体提升中更激烈的满意度竞争
Chapter 6 Greater Competition for Satisfaction in Overall Progress

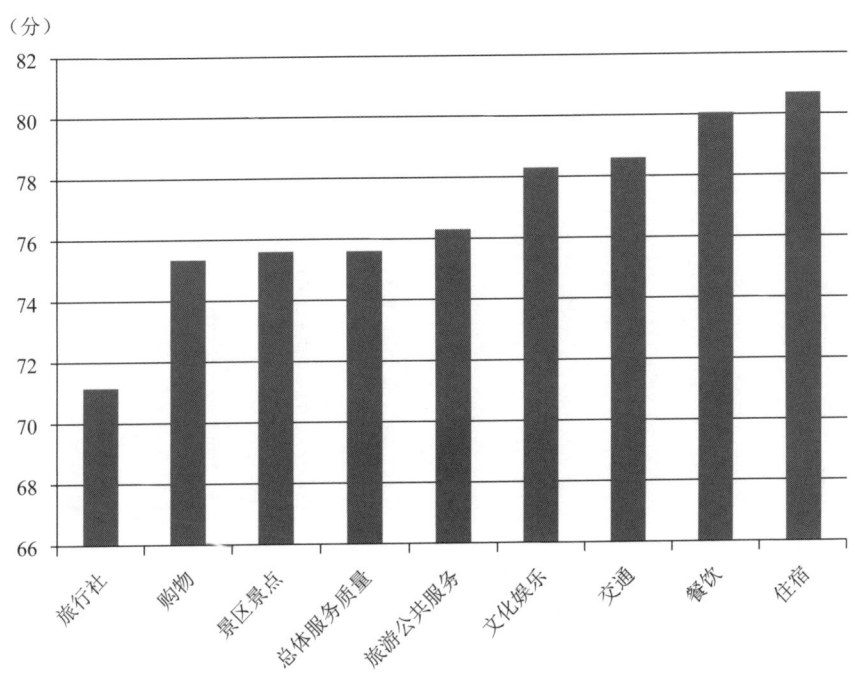

图 6-20 越南各窗口服务满意度得分

（十九）巴西

1. 游客总体满意度得分及排名

全年到访巴西的中国公民游客总体满意度为 79.4，在 24 个抽样目的地中排名第十九。

2. 问卷调查分析

问卷总体满意度平均得分为 7.32 分，比总体平均分 7.76 分低 0.44 分；得分最高的三项是交通、总体服务质量和住宿，得分分别为 8.33、8.11 和 8.03；得分最低的三项是农业现代化、安全感和导游，得分分别为 6.63、6.56 和 6.49。

3. 网络评论分析

2018 年巴西评论调查的游客满意度指数为 79.2，较境外游总体满意度平均值 80.62 低 1.42。各单项满意度皆高于 77 分。其中，总体服务质量、文化娱乐得分最高，分别为 81.3、79.45 分；满意度最低的是餐饮，为 77.55 分。

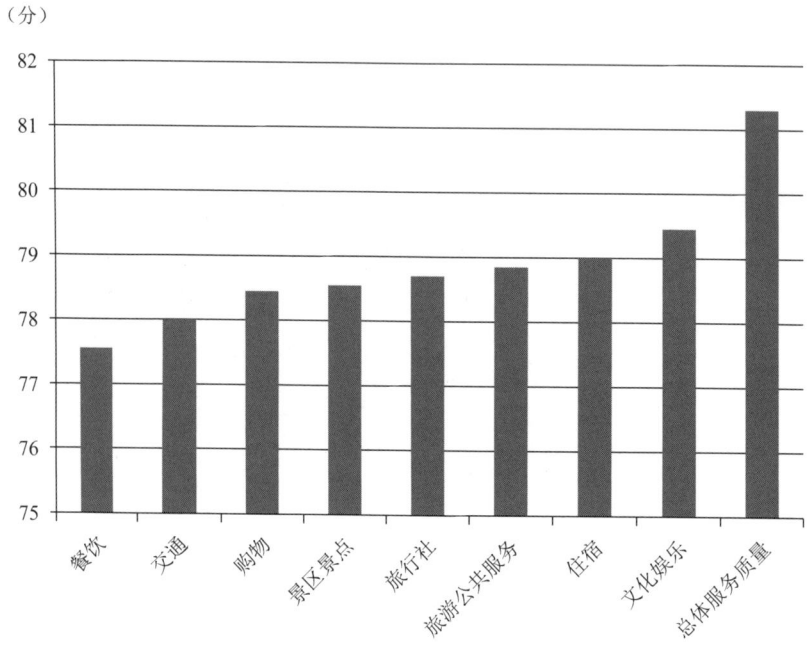

图 6-21 巴西各窗口服务满意度得分

(二十) 新西兰

1. 游客总体满意度得分及排名

全年到访新西兰的中国公民游客总体满意度为79.3，在24个抽样目的地中排名第二十。

2. 问卷调查分析

问卷总体满意度平均得分为7.69分，比总体平均分7.76分低0.07分；得分最高的三项是总体服务质量、现代化程度和景区景点，得分分别为8.45、8.20和8.18；得分最低的三项是中文标识信息、无障碍设施和导游，得分分别为7.13、7.09和6.70。

3. 网络评论分析

2018年新西兰评论调查的游客满意度指数为81.79，较境外游总体满意度平均值80.62高1.17。各单项满意度皆高于79分。其中，总体服务质量和旅行社得分最高，分别为83.5、82.9分；满意度最低的是交通，为79.55分。

第六章　总体提升中更激烈的满意度竞争
Chapter 6　Greater Competition for Satisfaction in Overall Progress

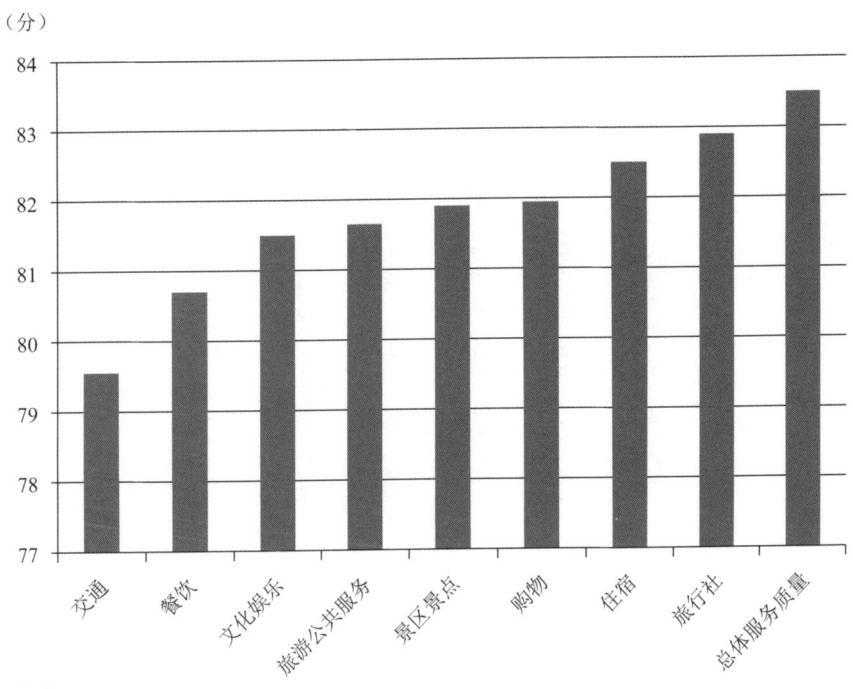

图 6-22　新西兰各窗口服务满意度得分

（二十一）泰国

1. 游客总体满意度得分及排名

全年到访泰国的中国公民游客总体满意度为 78.8，在 24 个抽样目的地中排名第二十一。

2. 问卷调查分析

问卷总体满意度平均得分为 7.64 分，比总体平均分 7.76 分低 0.12 分；得分最高的三项是总体服务质量、自然生态和空气质量，得分分别为 8.1、8.03 和 7.98；得分最低的三项是卫生设施、安全感和导游，得分分别为 7.22、7.22 和 6.52。

3. 网络评论分析

2018 年泰国评论调查的游客满意度指数为 80.63，较境外游总体满意度平均值 80.62 高 0.01。各单项满意度皆高于 77 分。其中，旅行社和景区景点得分最高，分别为 82、81.65 分；满意度最低的是购物，为 77.90 分。

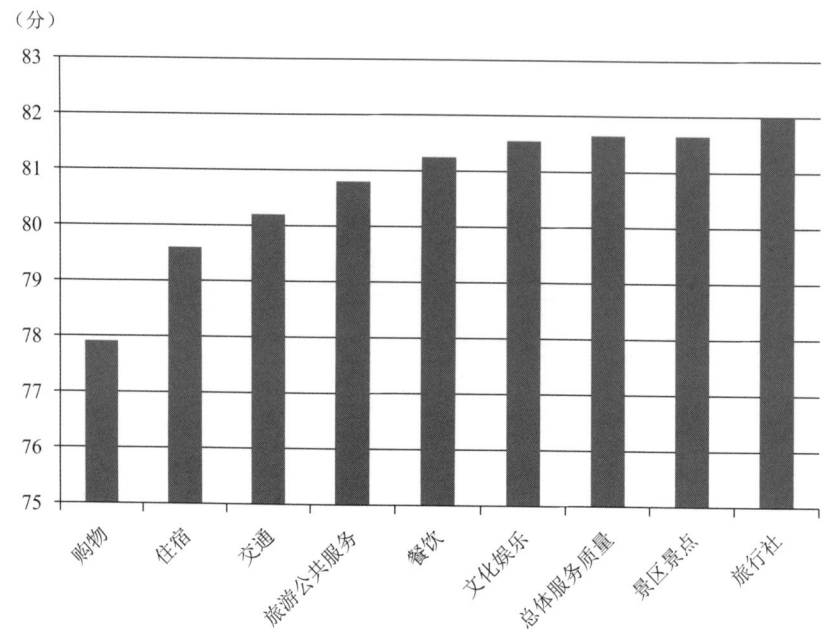

图 6-23 泰国各窗口服务满意度得分

（二十二）南非

1. 游客总体满意度得分及排名

全年到访南非的中国公民游客总体满意度为 77.9，在 24 个抽样目的地中排名第二十二。

2. 问卷调查分析

问卷总体满意度平均得分为 7.71 分，比总体平均分 7.76 分低 0.05 分；得分最高的三项是火车站、餐饮和总体服务质量，得分分别为 8.35、8.24 和 8.24；得分最低的三项是交通标识、卫生设施和导游，得分分别为 7.18、7.05 和 6.76。

3. 网络评论分析

2018 年南非评论调查的游客满意度指数为 76.91，较境外游总体满意度平均值 80.62 低 3.71。各单项满意度皆高于 67 分。其中，交通和餐饮得分最高，分别为 80.55、79.8 分；满意度最低的是旅行社，为 67.50 分。

第六章 总体提升中更激烈的满意度竞争
Chapter 6　Greater Competition for Satisfaction in Overall Progress

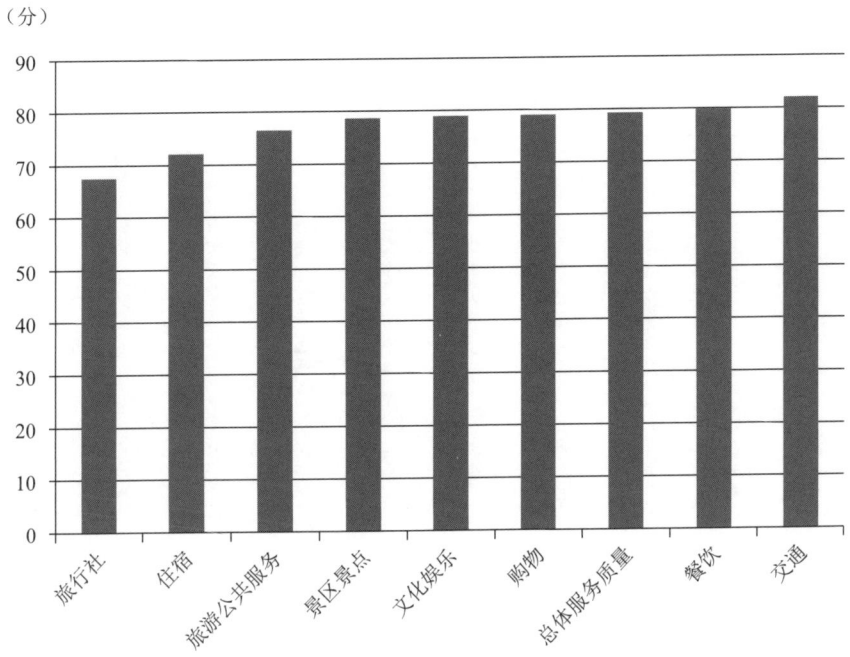

图 6-24　南非各窗口服务满意度得分

（二十三）阿根廷

1. 游客总体满意度得分及排名

全年到访阿根廷的中国公民游客总体满意度为 77.4，在 24 个抽样目的地中排名第二十三。

2. 问卷调查分析

问卷总体满意度平均得分为 7.26 分，比总体平均分 7.76 分低 0.5 分；得分最高的三项是总体服务质量、交通和现代化程度，得分分别为 8.10、8.06 和 8.01；得分最低的三项是交通标识、无障碍设施和导游，得分分别为 6.47、6.22 和 5.22。

3. 网络评论分析

2018 年阿根廷评论调查的游客满意度指数为 77.78，较境外游总体满意度平均值 80.62 低 2.84。各单项满意度皆高于 75 分。其中，总体服务质量和旅游公共服务得分最高，分别为 79.2、79.05 分；满意度最低的是餐饮，为 75.85 分。

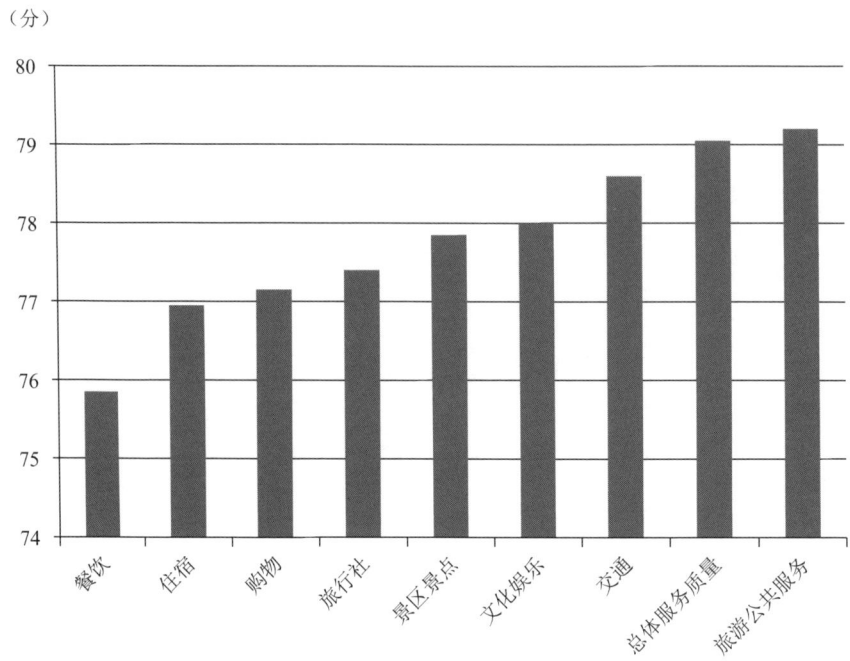

图 6-25　阿根廷各窗口服务满意度得分

（二十四）蒙古

1. 游客总体满意度得分及排名

全年到访蒙古的中国公民游客总体满意度为 75，在 24 个抽样目的地中排名第二十四。

2. 问卷调查分析

问卷总体满意度平均得分为 7.66 分，比总体平均分 7.76 分低 0.1 分；得分最高的三项是空气质量、火车站和总体服务质量，得分分别为 8.38、8.38 和 8.38；得分最低的三项是便利感、卫生设施和导游，得分分别为 6.95、6.77 和 6.7。

3. 网络评论分析

2018 年蒙古评论调查的游客满意度指数为 78.29，较境外游总体满意度平均值 80.62 低 2.33。各单项满意度皆高于 69 分。其中，总体服务质量和旅行社得分最高，分别为 78.35、77.5 分；满意度最低的是旅游公共服务，为 69.75 分。

第六章 总体提升中更激烈的满意度竞争
Chapter 6 Greater Competition for Satisfaction in Overall Progress

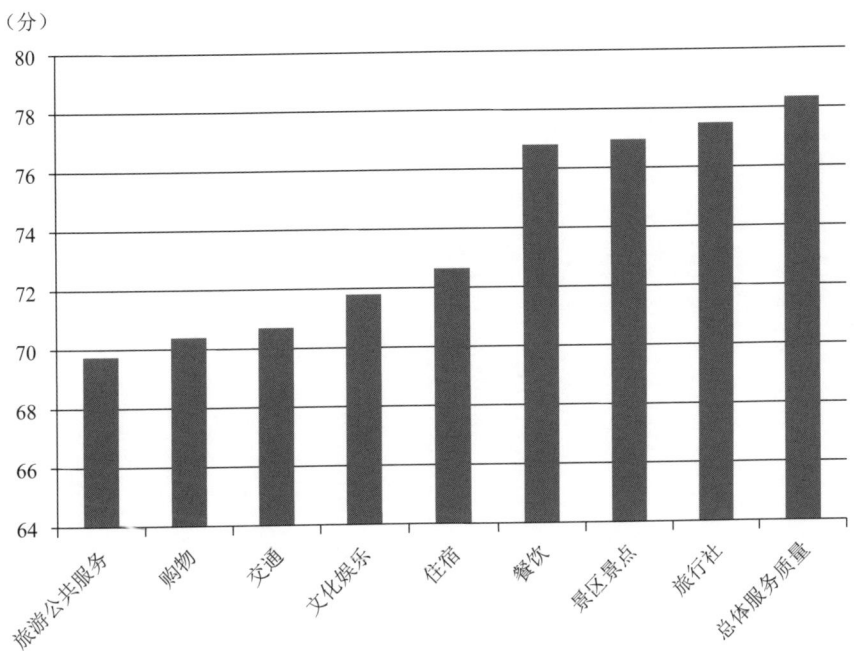

图 6-26　蒙古各窗口服务满意度得分

2018—2019 年出境新跟团游大数据报告

中国出境游正在摆脱大巴车大团队、闹哄哄各类人同团、千篇一律行程、行色匆匆走马观花、住得远吃得差的典型形象。"中国游客"已经不再是中国和外国人印象中的老样子。随着旅游市场的发展、游客需求的提升以及旅游市场的进一步规范,一系列创新的跟团产品形态和服务方式诞生和流行,低品质的跟团游产品被逐步淘汰。跟团游这种旅行社包价旅游产品的形式和内容正在发生巨变,团队旅游的供给侧优化改革迅速发展,跟团游正在回归服务的本质,重新获得旅游者的认可,进入"新跟团"品质旅游时代。

中国旅游研究院、携程旅游大数据联合实验室联合发布《2018—2019年出境新跟团游大数据报告》(以下简称"《报告》"),通过分析携程旅游平台上百万级度假产品的大数据,并结合各大城市通过7000多家携程门店报名的情况,展示当代新跟团游的发展趋势和人群旅游消费习惯。

一、跟团游依然是中国人出境游的主要方式

参加旅行社跟团游依然是出境游的主要方式。根据中国旅游研究院的年度出境旅游报告,2018年通过团队形式进行出境旅游的游客比例达55.24%,50.65%的受访者表示在未来的出境旅游中愿意参加旅游团。与2017年相比,明显下降,但境外出游参团的游客仍占多数。

图1 境外旅游参加旅行社的游客比例

资料来源:中国旅游研究院年度出境旅游报告。

《报告》认为,大多数游客对于不太熟悉的境外旅游,依然倾向于通过旅行社安排出游活动,选择半自助、私家团的游客比例正在上升,说明中国游客不再满足于固定的路线与行程,对于弹性时间的要求正在增加。

在所有的出境旅游者中,旅行社组织的规模也很大。从2016年旅游业公报看,经旅行社组织出境旅游的总人数就达到5727.1万人次,在当年1.22亿人次出境游客中占比近50%。如果把非旅游观光度假为目的的出境人次排除,经旅行社组织出境旅游的人数占比更高。如果从港澳台之外的出国游看,参加旅行社跟团游的比例更高。

从2018年携程组织服务的数百万出境游客看,报名跟团游与自由行、定制游的人数各占一半;出国旅游次数少经验不足、有老人和小孩的家庭、希望省心省力有人服务的中高收入人群,依然更热衷跟团游。

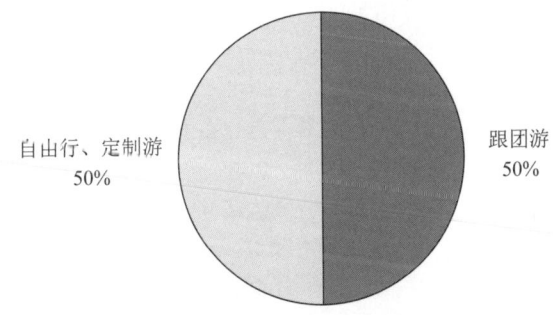

图2 出境跟团游与自由行、定制游的占比分布

数据来源:中国旅游研究院和携程大数据联合实验室。

总体来看,出境跟团游市场呈现增长趋势,特别是在线跟团游市场依然火爆。中国旅游研究院和携程旅游大数据联合实验室数据显示,2019年上半年通过平台报名跟团游产品出境的游客人数与2018年相比增长了43%,涨幅明显。通过线下的携程"新零售"门店参加出境跟团游的人数爆发式增长,增幅超过50%。

二、摆脱低质低价,新跟团游兴起

跟团游的主要优势在于,其较高的性价比、旅程较为省心、安全更有保障。而出境旅游市场,由于受到签证、语言、交通服务、公共设施、风俗习惯、宗教信仰等因素的影响,从未出过远门的游客,在到达相对陌生的目的地之后,很难有条不紊地安排处理好个人行程。因此,游客倾向于选择跟团游。

经过多年发展,跟团游正在摆脱"低品质、不合理低价、强迫游客购物"的市场形象,走向小团化、个性化、主题化、高品质的发展新阶段。目前,跟团游的内容和形式已变得丰富多样,逐步消除人数多、自由度差、不灵活、服务差、购物多、不能满足个性化需求等劣势。"新跟团游"的品类逐渐发展为私家团、目的地参团、半自助、5钻高端游、主题化跟团产品等。

例如,私家团可以解决常规跟团的人数多、人均可支配资源少、迁就陌生人、不灵活、服务品质差、旅游体验项目少等问题。一家人独立成团,不与陌生人拼团,根据行程中的突发情况灵活调整行程安排,专车专导专享旅游资源,吃住行品质得到充分保证。而半自助则可解决跟团不自由的问题,报名半自助的游客在旅途中至少有一天自由时间,可以休闲地在当地逛吃消闲,还可以在当地报名一日游玩乐项目,或者请个当地向导带游客打卡小众网红景点。

跟团游=购物团?
钻级分类:3、4、5钻,高钻级比例提升
4、5钻纯玩团占比达八成以上

行程不够自由?
半自助、私家团、目的地参团
航班酒店自选,专车专导,深度游

人太多,不够私密
小团化:私家团平均3.3人
私家团、精致小团

强制购物
纯玩团、私家团
打击强制购物措施

服务不佳无保障
6重保障
跟团游体验保障
明星导游产品

无针对人群产品
爸妈放心游、亲子游、情侣蜜月游、年轻人跟团计划

无主题产品
主题化:基于某一主题有共同爱好的人群
温泉、海岛、蜜月、主题乐园、美食

无真实评论
透明点评机制
点评大数据

图3 跟团游痛点与新跟团游解决方案

数据来源:中国旅游研究院和携程大数据联合实验室。

半自助团
充足的自由时间

当地参团
当地的深度体验

私家团
私密的一单一团

5钻高端游
享高端纯玩

亲子游
适合带娃去浪

蜜月游
爱意满满的浪漫

图4 特色跟团游示意图

数据来源：中国旅游研究院和携程大数据联合实验室。

三、小团化：私家团游客翻倍，平均只有3.3个人

随着亲子家庭、情侣、中产阶级、追求个性化的年轻一族对于私密性、灵活性、深度化及重体验等个性需求的不断攀升，以"小团"为代表的私家团、精致小团逐渐脱颖而出。以携程2018年的私家团为例，出境私家团平均一张订单的人数是3.3人，相比以前多达三四十人的出境旅游团，私家团人数只有1/10。

一人即可独立成团，不与陌生人拼团，专车专导，旅游行程更灵活更深度，酒店和餐饮品质高，24小时管家服务等成为私家团的主要特征，并使这一品类与普通跟团游形成差异。

几十年来习惯跟陌生人组成大团队旅游的中国旅游者逐渐变成"小团化"，注重私密、回归家庭成为趋势。

携程私家团数据显示，2018年通过携程平台报名境外私家团的游客同比增长240%。而2019年上半年报名境外私家团的人数与2018年同期相比增长翻倍。

携程旅游平台目前有数万条私家团产品，出境私家团产品总量占总私家团产品数量的四成以上，已经覆盖61个国家。2019年新增了摩洛哥、肯尼亚、

巴西、智力、古巴、缅甸等目的地国家。

《报告》显示，亲子、情侣和带爸妈出游群体更偏爱选择私家团。其中，亲子占比最高，为43%；情侣居其次，为24%；带爸妈出游占比10%。亲子家庭人群中，选择私家团的比例比跟团游多12%。

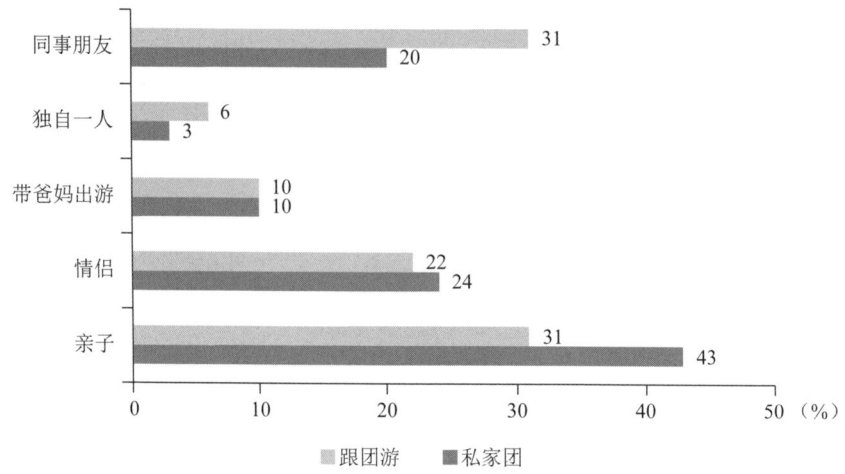

图5　各群体选择跟团游、私家团的占比分布

数据来源：中国旅游研究院和携程旅游大数据联合实验室。

什么年龄层的游客更愿意选择私家团？《报告》显示，私家团客群以有娃多金的70后、80后为主力人群，分别占比27%、19%；出游品质高、带娃方便省心、私密性是他们选择私家团的主要原因。而"懒人经济"也带动了90后、00后不爱操心的年轻一族，报名私家团的占比均超过相应人群在跟团游中的占比。

私家团的价位如何？由于私家团的机票、酒店、车导、地接要针对小团队进行安排，团费一般比常规跟团游高两三成左右。2018年出境私家团的人均预订花费为9678元，最贵的一单是一对情侣去欧洲4国度蜜月，人均花费65 500元。

最喜爱出境私家团的游客都来自哪里？《报告》显示，2018年出境私家团的十大出发城市为上海、北京、广州、南京、杭州、深圳、天津、重庆、成都、武汉。成都游客最豪，人均花费10 538元；紧随其后的是北京和重庆，分别花费10 081元、10 052元。

表1 2018年出境私家团十大出发城市及人数同比增长率

排名	出发城市	人数同比增长（%）
1	上海	288
2	北京	308
3	广州	195
4	南京	316
5	杭州	396
6	深圳	307
7	成都	237
8	天津	419
9	重庆	515
10	武汉	231
11	厦门	442
12	昆明	132
13	西安	284
14	郑州	658
15	沈阳	322

数据来源：中国旅游研究院和携程旅游大数据联合实验室。

随着国人旅游消费观念的转变，近两年私家团在二三线城市逐渐流行开来。《报告》显示，郑州、重庆、厦门、天津等"新一线"城市，报名私家团的人数同比增长已经达到400%以上；郑州增幅最高，同比增长658%。

国人喜欢报名私家团去哪儿玩？不同于跟团游，私家团出游热门目的地中，日本、印度尼西亚、新加坡等力压泰国成为人气王。《报告》显示，2018年国人最喜爱的十大境外私家团目的地依次为日本、印度尼西亚、新加坡、阿联酋、美国、泰国、柬埔寨、港澳连线、越南和毛里求斯。

表2 2018年出境私家团十大人气目的地

排名	境外目的地
1	日本
2	印度尼西亚
3	新加坡
4	阿联酋
5	美国
6	泰国
7	柬埔寨
8	港澳连线
9	越南
10	毛里求斯

数据来源：中国旅游研究院和携程旅游大数据联合实验室。

四、更自由：半自助游增长超六成，中国游客需要更多自由时间

与行程固定化、旅游节奏紧张的普通跟团产品相比，越来越多的游客选择一种自由度较高的跟团方式——半自助旅游。在携程旅游平台，目前自由旅行时间超过一天的跟团类型定义为半自助产品。选择半自助的游客既可以享受旅行社在当地开发的旅游资源优势（优惠的酒店价格、团队景区门票价格、当地交通资源等），同时可以根据自己的需求，在自由行的时间里安排体验类、碎片化的活动。

从携程半自助旅游数据来看，2019上半年通过携程旅游平台报名出境半自助产品的人数同比增长60%以上，人均预订出境半自助产品的花费为5500元。这意味着2019年体验半自助化出境旅游形式的人增加了六成。有些半自助产品甚至会出现三天以上的自由时间，为消费者提供更多样化的旅游搭配组合。从携程的布局也能看到这个趋势：目前携程平台上超过2/3的境外目的地国家布局了半自助产品，而2019年半自助产品的数量同比增长了10%。

《报告》显示，超过五成的半自助消费者来自80、90后群体，其中80后占

28%、90后占25%。

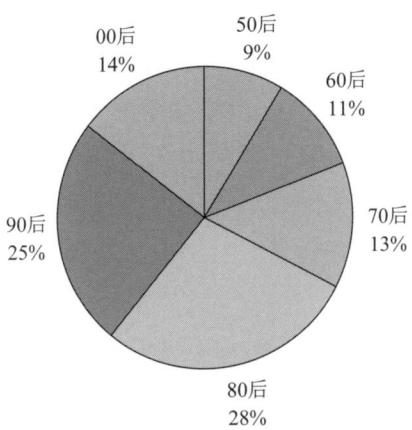

图6 2018年出境半自助游游客的年龄分布

数据来源：中国旅游研究院和携程旅游大数据联合实验室。

对于亲子、情侣出行的游客，自由时间更宝贵。《报告》显示，2019上半年通过携程旅游平台报名出境半自助产品的游客中，亲子出行的游客占比最多，占39%；其次是情侣出行，占29%。

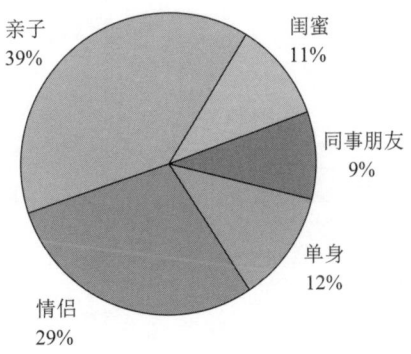

图7 2018年出境半自助游游客的游伴选择

数据来源：中国旅游研究院和携程旅游大数据联合实验室。

五、订个机票说走就走，中国游客热衷去目的地参团

随着直飞航线的迅猛增长，越来越多的旅游者选择自己预订交通，出国在

当地参团旅游。《报告》显示，目前在携程出境游产品中，报名当地参团的游客人数已经达到10%。

2019年上半年报名出境当地参团的人数同比增长50%。2019年人均预订出境当地参团的价格为3500元左右，当地参团的平均天数是5.5天。当地参团解决了游客在海外的用车问题，解决了跟团无法灵活选择心仪航班的问题，满足了海外探亲、商务等不同出访目的旅客的行程安排，覆盖了更多当地特色城市乡镇。由于在当地报团游玩的内容更加细分，这种形式可以为旅游者提供更丰富的景点设计和行程搭配。

此外，当地参团的性价比相对自由行更高一些。例如，在携程报名巴黎出发的"法国+摩纳哥4日3晚跟团游"，享受巴黎航班往返尼斯，住市中心四星酒店，行程中包含圣拉斐尔快艇出游地中海、薰衣草花海体验等，价格仅6000元左右，比自由行去订机票、酒店、用车要明显省钱，还有全程服务。

出境长线游的客人更青睐当地参团这种形式。《报告》显示，最受游客喜爱的当地参团目的地有美国、英国、澳大利亚、新西兰、日本、加拿大、法国、港澳台地区、意大利、瑞士等。

表3 2018年出境目的地参团十大人气目的地国家/地区

排名	目的地
1	美 国
2	英 国
3	澳大利亚
4	新西兰
5	日 本
6	加拿大
7	法 国
8	港澳台地区
9	意大利
10	瑞 士

数据来源：中国旅游研究院和携程旅游大数据联合实验室。

《报告》显示，最受游客喜爱的当地参团前十名城市为洛杉矶、基督城、纽约、伦敦、爱丁堡、悉尼、东京、巴黎、凯恩斯、大阪。《报告》显示，上海、北京、广州、福州、深圳、重庆、南京、西安、杭州、天津、成都等地的游客最喜爱当地参团。

表4 2018年出境目的地参团十大人气目的地城市

排名	目的地
1	洛杉矶
2	基督城
3	纽 约
4	伦 敦
5	爱丁堡
6	悉 尼
7	东 京
8	巴 黎
9	凯恩斯
10	大 阪

数据来源：中国旅游研究院和携程旅游大数据联合实验室。

从人群来看，女性偏爱当地参团，报名出境当地参团的人群中60%是女性；从年龄来看，90后、70后偏爱当地参团，23%的报名者是90后，70后占比20%。从伴游方式来看，亲子家庭和情侣更青睐选择当地参团。

六、消费升级：八成跟团游客选择高星级住宿

消费升级是新跟团游的一大重要特征。随着中国游客消费水平的提升，他们在选择出境跟团游产品时更青睐舒适度高、服务好、体验感佳的产品，不再一味地盯着低价团。"消费升级"是出境游的主旋律。

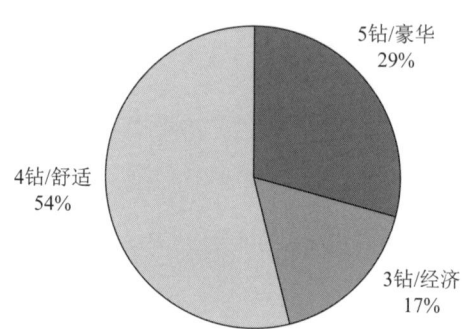

图 8　出境跟团游游客产品钻级选择

数据来源：中国旅游研究院和携程旅游大数据联合实验室。

《报告》显示，选择携程 4、5 钻级跟团游产品的用户比例高达 83%，选择三钻的比例不到 20%。八成跟团游客选择高星级住宿。

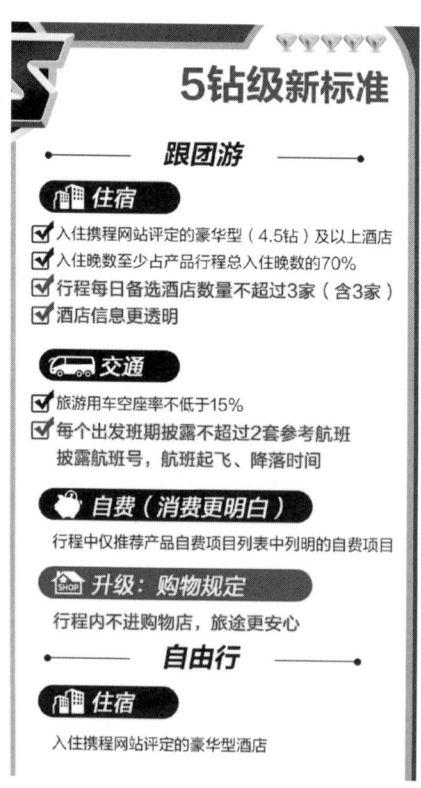

图 9　携程跟团游 5 钻新标准

数据来源：中国旅游研究院和携程旅游大数据联合实验室。

以日本跟团游为例，3 钻、4 钻、5 钻的平均价格约为 5000 元、7000 元、9000 元。私家团在 10 000 元以上。以携程每年组织的数十万赴日本跟团游为例，37% 的用户选择 5 钻产品，44% 选择 4 钻产品，18% 选择 3 钻产品。

国内旅行社的出境游产品在产品标准上也不断升级。携程设定了新的跟团游新钻级标准。以 5 钻产品为例，要求产品包含五星豪华型并且 4.5 钻及以上的酒店、酒店用户点评要达 4.0 分以上；备选酒店不超过 3 家，旅游车空座率不低于 15%，严禁出现购物店等，以保证用户的旅游体验。

高端跟团游产品在富裕阶层中走红，包括线下门店也有人均几十万的消费群体。根据携程线下门店的统计，2019 年人均花费最高的出境跟团游产品，是一个人均 96 万元的鸿鹄逸游环球旅行 55 天旅游团，来自北京携程门店，2 人成交金额 192 万元。其他大金额订单还包括南极游 6 人成交金额 77 万元、南美定制之旅 8 人 130 万元等。

七、个性化跟团游：跟团游开启私人定制，跟特定的人、主题去旅游

打破传统跟团游以观光为主、走马观花的局限，出境游的主题化趋势也愈来愈明显。针对共同拥有某一主题爱好的人群，旅游平台推出了丰富主题品类的跟团游产品。例如，蜜月游、春日赏花游、海岛游、美食游、影视游等。据携程统计，全平台以蜜月为关键字可搜索到约 4500 条产品，以海岛为关键字约有 2000 条产品，美食产品约 4600 条。

跟谁一起旅游往往决定了一次行程的质量。针对传统旅游团各个年龄、各类人群混在一起的问题，新跟团游针对不同人群推出相应的跟团品种。据携程统计，针对老年人的"爸妈放心游"产品约 2000 条，针对高消费人群的"臻品游"有近 200 条，暑期热卖的"年轻人跟团"产品近 100 条。

一些传统跟团游难以体验到的、自由行不便实现的旅行项目，通过定制旅游平台就能实现。当前更多人愿意选择这种一对一私人定制的个性化旅行方式——既能带来自由而深度的旅游体验，又能在专业机构的帮助下省时省力。定制旅行的门槛正在逐年降低，走向大众化市场。

2018 年携程定制旅行平台定制需求单同比增长 180%。二三线城市定制游需求增速超过一线城市。从携程定制订单的大数据看，2017 年国内定制游人均

价格在 3300 多元，出境游在 7000 元；来自二线城市的用户占了 42%，超过一线城市的 36%。客户在逐步年轻化，80 后、90 后的客户成为主要力量。

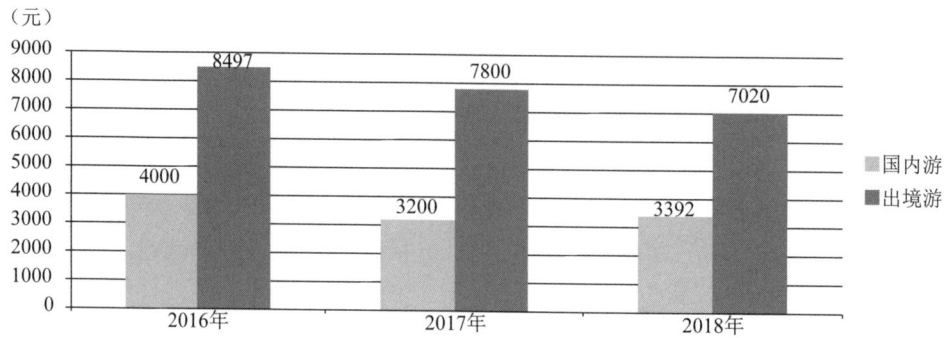

图 10　2016—2018 年定制国内游和出境游客单价

数据来源：中国旅游研究院和携程旅游大数据联合实验室。

八、年轻化：不只是老年人跟团，六成是年轻人

虽然 50 后、60 后游客依然是出境跟团游的重要组成部分，但年轻化已是出境跟团游的显著趋势。《报告》显示，2019 年上半年通过平台报名跟团游产品出境旅游的 90 后、00 后年轻群体占比 34%，相较于 2018 年同期年轻群体占比增长了 5%。如果加上 80 后，那么 40 岁以下在出境跟团游中占比达到了 61%。十个跟团游客中六个是年轻人。

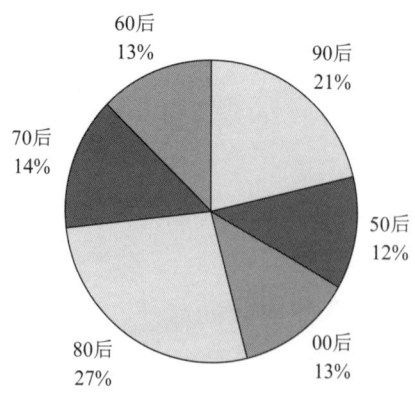

图 11　2019 年上半年出境跟团游游客的年龄分布

数据来源：中国旅游研究院和携程旅游大数据联合实验室。

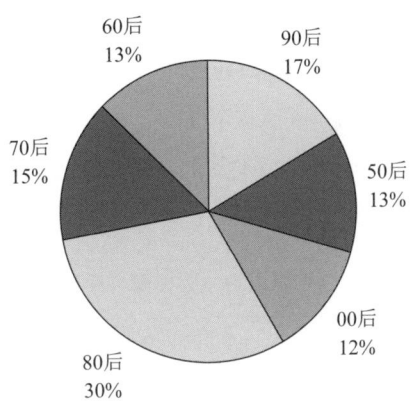

图 12　2018 年上半年出境跟团游游客的年龄分布

数据来源：中国旅游研究院和携程旅游大数据联合实验室。

游客更青睐和谁一起跟团出境游？《报告》显示，选择和同事朋友一起出行的游客最多，占 41%；情侣出行和亲子出行各占 21%；带爸妈跟团出境游占 9%；独自一人跟团出境游的比例也有 8%。

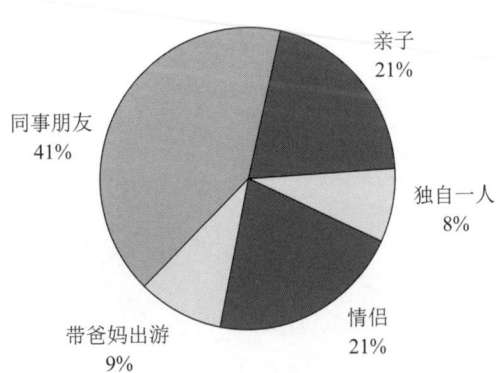

图 13　2018 年出境跟团游游客的游伴选择

数据来源：中国旅游研究院和携程旅游大数据联合实验室

九、服务升级：新跟团新保障

随着跟团游游客需求的不断提升，游客对自身权益保障也提出了更高的要求。为解决接待标准下降、行程缩水、强制消费、消费者维权难等跟团游游客经常面临的问题，各大旅行平台均积极采取行动。例如，携程就发布了我国旅游行业首个"跟团游体验保障"与赔付标准。该保障不仅对跟团游"食、住、行、游、购、娱"六大环节的体验保障进行了透明披露，而且针对十六大游客痛点，公布了具体的赔付标准。

表5　携程跟团游体验保障与赔付标准

保障项目	状况问题	具 体 情 况	对应赔付
食	餐食标准不符		餐费退一赔一
住	酒店安排不符（出团说明书为A酒店，实际到B酒店）	最终入住酒店在当时预订线路披露的酒店范围内，但价格低于出团说明书酒店价格	酒店差价退一赔一
		最终入住酒店非当时预订线路披露的酒店	退还原承诺入住酒店一半费用
	到店无房	最终降级入住，酒店或房型较原订的价格便宜	差价退一赔一+时间价值损失
游	漏景点	遗漏有门票景点	门票费用退一赔一
购	强制购物	导游强制购物	订单费用20%
	强制自费	导游强制自费	退还自费费用
	增加购物点	导游同意增加购物点	订单费用10%
娱	游览时长不符	超30分钟的游览时长缩短	涉及的景点费用携程予以退还

数据来源：中国旅游研究院和携程旅游大数据联合实验室。

比如，跟团游的酒店安排与原计划不符，旅游者可获得"差价退一赔一"等赔付。针对导游强制购物，携程出台了高赔偿标准，每次赔偿跟团游订单费用的20%。如果是携程自营优选产品，最高可以退一赔一。游览时长缩水30分钟及以上，涉及的景点费用予以退还。如果遗漏景点，门票费用退一赔一。

同时，针对旅行前及旅途中可能发生的意外状况，携程旅游平台还推出了"特殊原因退订保障"及"重大灾害旅游保障金"。"特殊原因退订保障"是指在出行前，游客因怀孕、骨折、生病住院、拒签、中止、延期出签等自身不能预期和控制的特殊原因而退订产生的损失，携程旅游平台将为游客承担。

 团队游体验保障
团队游"食、住、行、游、购、娱"环节的"透明"披露及体验保障，让您订得放心，游得舒心。

 特殊原因退订保障
怀孕、骨折、生病住院、柜签、中止、延期出签，您无法控制的，我为您暖心保障。

 重大灾害旅游体验保障金
业内首创的灾害保障，灾害面前咱不慌，只因携程有担当。

 旅游预警机制
在自然灾害、病疫灾害、政治变动、突发事件等情况下，及时向即将出行及行程中的携程旅客人传递信息和发布旅游提示建议或预警。

 应急援助体系
无论是旅行证件遗失、误机误车，还是就诊协助及翻译服务，7×24小时为您待命！

 一站式旅游保险
"量身定制"的保险推荐，丰富贴心的保险选择，优先专属的理赔通道，方便快捷的理赔服务。

图 14　跟团游服务保障

数据来源：中国旅游研究院和携程旅游大数据联合实验室。

最新统计显示，2018年携程跟团游等度假产品，由于特殊原因退订的订单，携程为旅游者承担的金额达1200万元。哪些原因获得退订保障的游客占比最高？住院、怀孕、拒签退订排名前三；由于出行人或亲属遭遇住院情况而退订的占比最高，达到了35%。

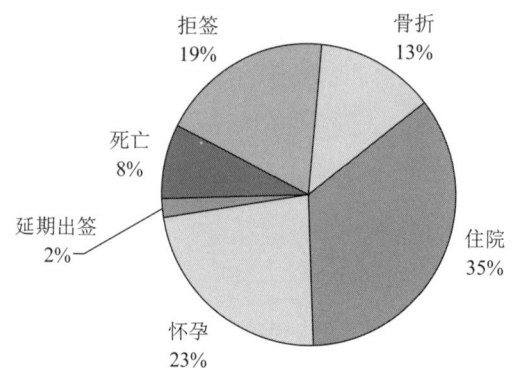

图15 出境跟团游游客退订的原因分布

数据来源：中国旅游研究院和携程旅游大数据联合实验室。

十、手机互动点评：随时点赞或吐槽，半数以上行程中打分点评

我国在线旅游者的点评率和点评量爆发式增长：携程跟团游用户的点评率已经超过50%；每两个在线报名的游客，就有一个会在体验后对订单进行点评。50%以上的出境跟团游客，在行程中根据服务体验进行点评。绝大部分用户预订都会先查看点评。

根据携程网站和APP百万级条真实用户点评数据，出境跟团游产品平均点评分4.75分（满分5分），相较2018年上涨0.05分。相当于满意度指数为95%。包括总体评分、领队服务、导游讲解、交通线路、住宿餐食等五大评分维度。

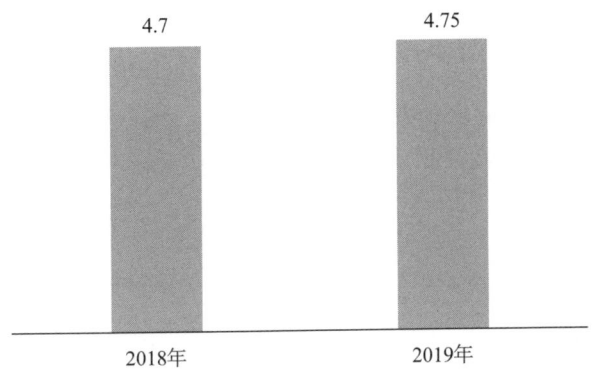

图 16 出境跟团游产品的平均点评分

数据来源：中国旅游研究院和携程旅游大数据联合实验室。

十一、出境跟团游目的地排行榜：泰国、日本最受欢迎，从大城市扩散到小众目的地

哪些目的地最受出境跟团游游客的欢迎？《报告》发布，2018年出境跟团游 TOP15 人气目的地国家，依次是泰国、日本、越南、新加坡、印度尼西亚、马来西亚、美国、柬埔寨、俄罗斯、菲律宾、澳大利亚、意大利、阿联酋、土耳其和英国，泰国、日本、越南等周边国家仍然受到中国游客的热捧。

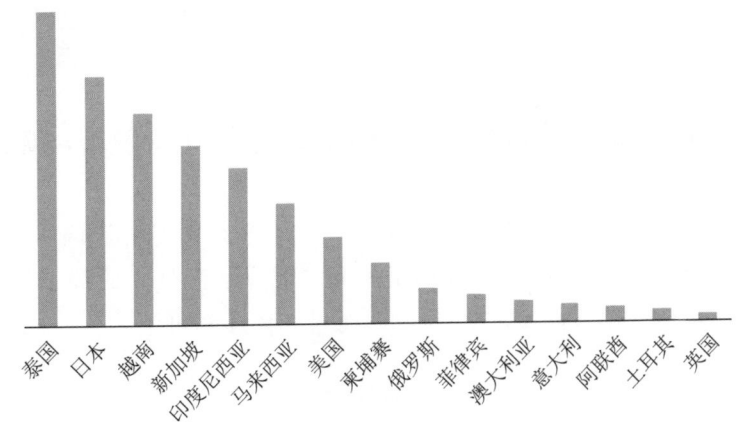

图 17 2018 年出境跟团游人气目的地国家前 15 位

数据来源：中国旅游研究院和携程旅游大数据联合实验室。

深度旅游是新跟团游的另一大重要趋势。如今，越来越多国家的小众目的地开始被发现，热度不断提升。以日本为例，《报告》显示，2019年上半年日本十大跟团游黑马目的地城市依次是冈山、西东京市、神户、小松、富山、京都、大阪、静冈、仙台、新潟。除了游客熟知的神户、京都、大阪等城市之外，其他都属于小众城市。

表6　2018年日本十大跟团游黑马目的地

排名	目的地	增长率（%）
1	冈山	964
2	西东京市	700
3	神户	450
4	小松	281
5	富山	196
6	京都	178
7	大阪	136
8	静冈	109
9	仙台	87
10	新潟	73

数据来源：中国旅游研究院和携程旅游大数据联合实验室。

十二、出发城市排行榜：二三四线城市出境游市场崛起

出境跟团游，哪些出发城市热情最高？《报告》显示，2018年出境跟团游出发人数最多的前十五名城市，分别是上海、北京、广州、成都、重庆、天津、南京、昆明、武汉、深圳、西安、杭州、郑州、长沙和贵阳。

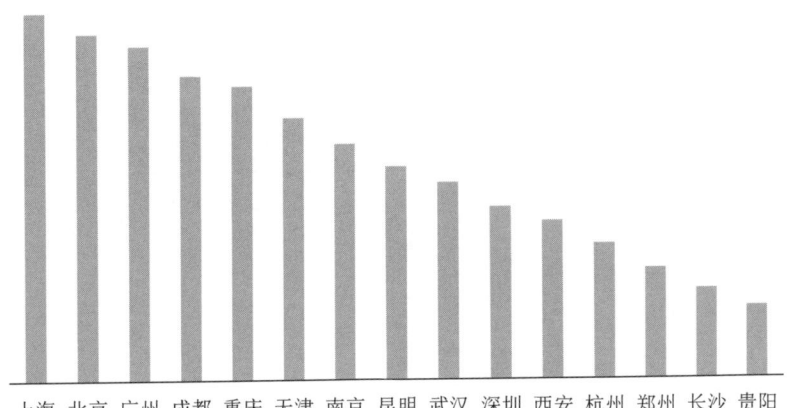

图18 2018年出境跟团游人气出发地前15位

数据来源：中国旅游研究院和携程旅游大数据联合实验室。

出境跟团游，哪些城市涨幅最快？《报告》发布了2019年上半年出境跟团游十大黑马出发城市，依次是青岛、贵阳、无锡、济南、广州、南京、昆明、重庆、南宁以及合肥。

表7 2019年上半年出境跟团游十大黑马出发城市

排名	出发城市	增长率（%）
1	青岛	286
2	贵阳	136
3	无锡	130
4	济南	126
5	广州	91
6	南京	72
7	昆明	70
8	重庆	62
9	南宁	60
10	合肥	55

数据来源：中国旅游研究院和携程旅游大数据联合实验室。

《报告》还发布了2018年出境跟团游消费力十强出发城市,除了北上广等一线城市外,青岛、太原、福州、成都、昆明等成为黑马跻身前列。

表8 2018年出境跟团游出发城市消费力十强

排名	城 市	人均消费(元)
1	上 海	6716
2	北 京	6635
3	青 岛	6436
4	太 原	6346
5	深 圳	6239
6	福 州	6051
7	成 都	5973
8	昆 明	5874
9	广 州	5803
10	天 津	5780

数据来源:中国旅游研究院和携程旅游大数据联合实验室。

"一带一路"出境自由行
大数据报告 2019

自2013年"一带一路"倡议提出以来，中国持续不断地与"一带一路"沿线国家和地区加深合作，提升旅游签证的开放程度，满足中国游客的出境游需求，带动赴沿线国家和地区的出游人数，推动航空业和铁路业的快速发展。2019年4月，交通运输部发布的信息显示，中国已经和"一带一路"沿线45个国家和地区开通了直飞航班。预计到2020年，中国前往"一带一路"沿线国家和地区的游客量将超过1.5亿人次。2019年是"一带一路"倡议提出6周年。马蜂窝旅游网与中国旅游研究院共同成立的"自由行大数据联合实验室"发布《"一带一路"出境自由行大数据报告2019》，对"一带一路"沿线国家的旅游市场进行深入分析和解读。报告内容覆盖目的地和自由行人群画像等多个方面。

一、"一带一路"出境自由行六大趋势

（一）签证政策更便利

随着越来越多的国家和地区参与"一带一路"倡议，签证政策利好的消息不断传来，中国护照的"含金量"在逐渐提升。开放旅游签证是促进国际旅游快速发展的重要因素。

截至2019年4月30日，中国已经与131个国家签署了共建"一带一路"合作文件。其中，与52个相关国家实现了公民免签或落地签，与12个国家实现互免普通护照签证，与7个国家实现单方面允许中国公民免签入境。

（二）出境自由行市场下沉

2018年以来，中国航空公司新开通涉及"一带一路"沿线国家和地区的航线112条，通航能力覆盖全国83.87%的省份。

（三）出境自由行消费更高频、更深度

很多曾有过出境游经历的游客，随着收入水平的提升和出境游经验的丰富，每年的出境游频次也在上涨，从每年一次至每年多次。相关数据显示，出境游每年多次占比达48%。

与此同时，中国游客安排出境自由行的侧重点也在发生变化，"深度体验"正取代以购物为主的"打卡观光"。从境外目的地下的搜索数据可以看出，中国游客对"文化旅游"的关注在显著提升。2019年上半年，"博物馆"的被搜索次数同比增长41%，而"购物"则下降11%。

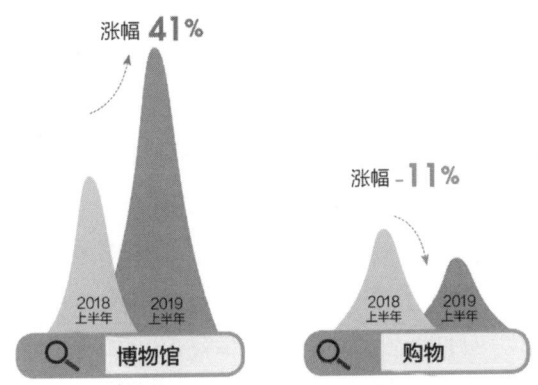

图1　境外目的地下关键词被搜索次数的变化

数据来源：中国旅游研究院－马蜂窝旅游网自由行大数据联合实验室。

（四）自由行目的地选择更小众，优先考虑安全因素

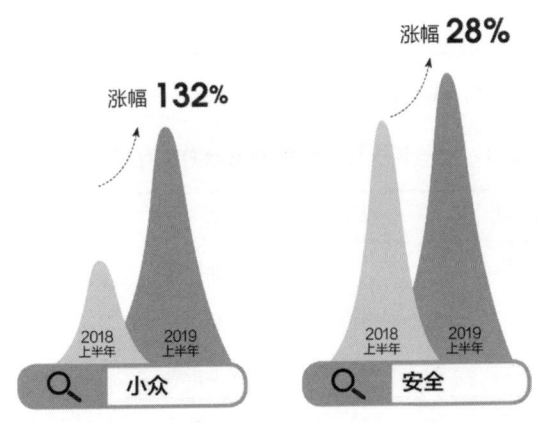

图2　境外目的地下关键词被搜索次数的变化

数据来源：中国旅游研究院－马蜂窝旅游网自由行大数据联合实验室。

数据显示，境外目的地下，关键词"小众"的被搜索次数同比增长高达

132%。注重个性化,不喜欢跟随大流的年轻人,对目的地的选择也趋向更"小众"的地方。相比之下,"网红"打卡的热度涨幅仅为44%。

关键词"安全"的被搜索次数同比增长28%。近年,国际安全形势一度处于不稳定的态势,自然环境也频出状况,游客在选择境外目的地时,会更重视对目的地安全环境的评估。

(五)自由行产品和服务更个性化、定制化、品质化

数据显示,2019年1~5月,马蜂窝定制游的服务人次同比增长217%。需求涨幅最高的境外目的地分别是塞尔维亚、土耳其和马尔代夫。

(六)政策、娱乐和社交平台助力目的地推广

"一带一路"倡议的提出,推动了中国与沿线国家和地区的旅游合作,加之目的地适时的宣传推广,让更多中国游客在规划出境游时,会首先考虑这些地方。此外,娱乐IP也在目的地营销上起着举足轻重的作用,克罗地亚就是最好的例证之一。它凭借热播电视剧《权力的游戏》提升了在中国大众中的认知度,一跃而升成为热门目的地之一。社交平台助力则体现在游客在各社交平台上分享的目的地旅游体验,如视频或照片等,通过口碑不断传播。

二、"一带一路"沿线国家的旅游热度

旅游热度最高的是最具性价比的东南亚国家。数据显示,旅游热度排在前三十的"一带一路"沿线国家中,亚洲国家占据16席,欧洲国家占据9席。

表1 "一带一路"沿线国家旅游热度榜TOP30

排名	国家	排名	国家	排名	国家
1	泰国	9	菲律宾	17	希腊
2	新加坡	10	新西兰	18	印度尼西亚
3	马来西亚	11	摩洛哥	19	斐济
4	越南	12	柬埔寨	20	缅甸
5	土耳其	13	意大利	21	埃及
6	斯里兰卡	14	俄罗斯	22	格鲁吉亚
7	马尔代夫	15	塞尔维亚	23	捷克
8	韩国	16	尼泊尔	24	奥地利

续表

排名	国家	排名	国家	排名	国家
25	克罗地亚	27	塞舌尔	29	阿联酋
26	老挝	28	塞浦路斯	30	葡萄牙

数据来源：中国旅游研究院－马蜂窝旅游网自由行大数据联合实验室。

"一带一路"倡议带火了黑山、卡塔尔、缅甸旅游。"一带一路"倡议的提出，推动了沿线国家旅游业的快速发展。数据显示，2019年上半年旅游热度同比涨幅排在前十的国家中，欧洲国家占据6席。其中，黑山、卡塔尔和缅甸的旅游热度涨幅超过了100%，受到中国游客的广泛关注。

表2 "一带一路"沿线国家旅游热度涨幅榜TOP10

排名	国家	热度涨幅（%）
01	黑山	161
02	卡塔尔	137
03	缅甸	114
04	波黑	87
05	俄罗斯	86
06	塞尔维亚	85
07	意大利	83
08	克罗地亚	80
09	突尼斯	64
10	阿联酋	53

数据来源：中国旅游研究院－马蜂窝旅游网自由行大数据联合实验室。

三、"一带一路"出境自由行客源地和游客分析

1. "一带一路"沿线东南亚国家

"一带一路"沿线东南亚国家：泰国、马来西亚、菲律宾、印度尼西亚、新加坡、越南、柬埔寨、缅甸。东南亚目的地的主要客源：一线城市、江浙地区

和西南地区。因为相距较近，常有特价机票，成都是东南亚的最大客源城市之一。其中，成都游客最喜欢泰国。有钱有闲的杭州游客也喜欢东南亚，但更偏好走高端路线的新加坡和印度尼西亚。沈阳虽然离东南亚比较远，但东南亚是沈阳游客在三亚之后会首先考虑的避寒度假胜地。这些目的地中，沈阳游客唯独不是很喜欢去越南和缅甸。同样因为地理位置，缅甸拥有最具有显著差异的客源城市，分别是德宏、贵阳和无锡。

表3 "一带一路"沿线东南亚国家的客源城市TOP20

排名	泰国	马来西亚	菲律宾	印度尼西亚	新加坡	越南	缅甸	柬埔寨
1	北京	北京	北京	北京	北京	北京	北京	北京
2	上海	广州	上海	上海	上海	上海	上海	上海
3	成都	上海	广州	广州	广州	广州	广州	广州
4	广州	深圳	成都	深圳	深圳	成都	成都	深圳
5	深圳	成都	深圳	杭州	杭州	深圳	重庆	成都
6	杭州	杭州	杭州	成都	成都	杭州	昆明	重庆
7	重庆	重庆	重庆	重庆	天津	重庆	深圳	昆明
8	昆明	佛山	佛山	西安	重庆	昆明	杭州	杭州
9	西安	昆明	苏州	武汉	沈阳	佛山	南京	南京
10	武汉	武汉	宁波	苏州	西安	南京	西安	武汉
11	佛山	西安	南京	南京	南京	宁波	德宏	佛山
12	南京	东莞	温州	天津	苏州	武汉	佛山	宁波
13	苏州	天津	厦门	宁波	武汉	长沙	贵阳	西安
14	天津	南京	武汉	佛山	宁波	苏州	南宁	苏州
15	沈阳	长沙	西安	长沙	厦门	西安	武汉	天津
16	宁波	宁波	昆明	温州	大连	东莞	长沙	东莞
17	长沙	沈阳	东莞	沈阳	佛山	南宁	苏州	长沙
18	东莞	苏州	长沙	昆明	青岛	天津	宁波	厦门
19	哈尔滨	南宁	沈阳	青岛	昆明	温州	厦门	沈阳
20	大连	厦门	天津	南宁	哈尔滨	郑州	无锡	郑州

数据来源：中国旅游研究院-马蜂窝旅游网自由行大数据联合实验室。

"一带一路"沿线东南亚国家的自由行结伴类型。情侣首选：印度尼西亚；亲子首选：新加坡；朋友首选：柬埔寨、越南、缅甸；独行首选：缅甸。

性价比高的东南亚地区一直很受中国游客的青睐，这里最具吸引力的是海岛休闲度假游，如泰国、马来西亚和菲律宾等，适合各种类型的出游人群，能满足多种度假需求。其中，印度尼西亚虽同属于海岛游，但更具差异化特色，巴厘岛作为最热门的结婚和蜜月海岛之一，受到相对多的情侣或夫妻的喜爱。当旅伴是朋友时，大多会选择柬埔寨、缅甸和越南，这些目的地的消费水平相对更低，且拥有更为浓郁的人文风情，吸引很多年轻游客去探索。数据显示，缅甸最受独行客的喜爱，这片被称为"佛教之国"的神圣土地，有着悠久的历史和灿烂的文化，适合一个人漫游品味。

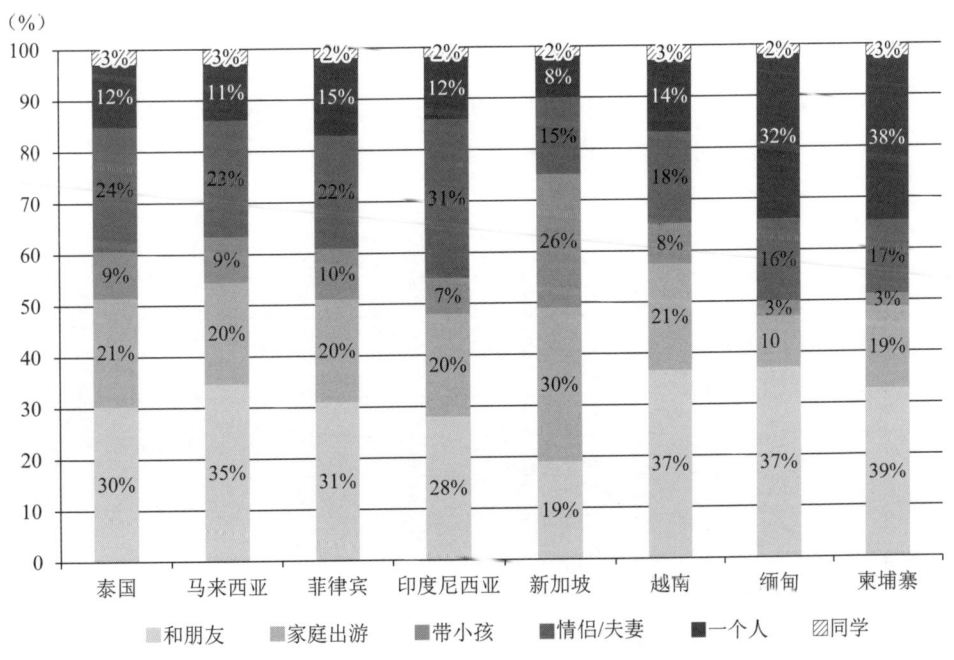

图3　"一带一路"沿线东南亚国家的自由行结伴类型

数据来源：中国旅游研究院－马蜂窝旅游网自由行大数据联合实验室。

"一带一路"沿线东南亚国家的自由行平均游玩天数：7天。游客选择去柬埔寨和新加坡时，选择游玩5到6天的占比相对较多，超过50%。目的地选择为泰国、马来西亚、菲律宾和印度尼西亚时，多选择7到8天的行程安排。

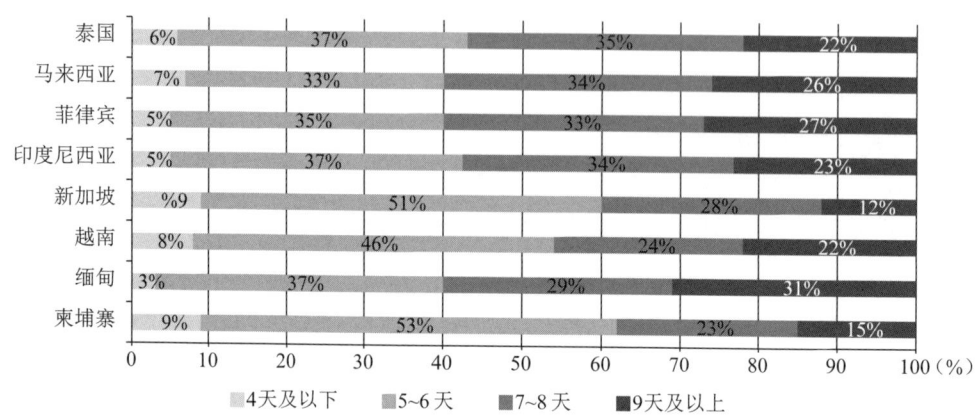

图 4　"一带一路"沿线东南亚国家的自由行平均游玩天数

数据来源：中国旅游研究院－马蜂窝旅游网自由行大数据联合实验室。

"一带一路"沿线东南亚国家的人均自由行花费：5768 元。最具性价比：越南、柬埔寨。消费水平更高：印度尼西亚、新加坡。

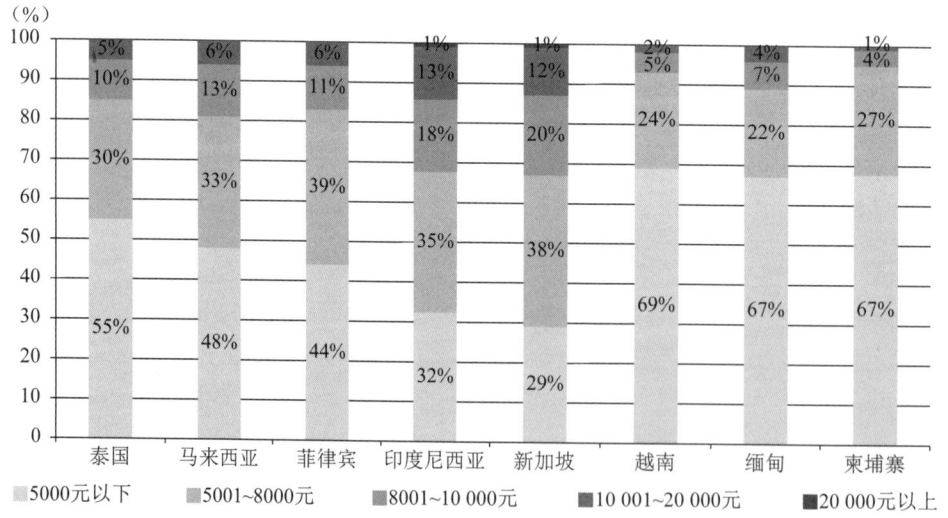

图 5　"一带一路"沿线东南亚国家的人均自由行花费

数据来源：中国旅游研究院－马蜂窝旅游网自由行大数据联合实验室。

"一带一路"沿线东南亚国家的热搜词。前往不同国家时，游客的关注点呈现不同差异。除目的地和景点，他们还会搜索其他关键词，最基本的关键词如签证和攻略,是出境游必了解的相关信息。进阶版热搜词则体现出不同目的地对游客的吸引力差异,如菲律宾潜水、越南泥浆浴、印度尼西亚和柬埔寨的 SPA。

表4 "一带一路"沿线东南亚国家的热搜词

国　家	热搜词
泰　国	落地签
马来西亚	攻　略
菲律宾	潜　水
印度尼西亚	SPA
新加坡	攻　略
越　南	泥浆浴
柬埔寨	SPA

数据来源:中国旅游研究院–马蜂窝旅游网自由行大数据联合实验室。

"一带一路"沿线东南亚国家的热门目的地和热门景点见表5和表6。

表5 "一带一路"沿线东南亚国家的热门目的地

排名	泰　国	马来西亚	菲律宾	印度尼西亚	越　南	缅　甸	柬埔寨
1	曼　谷	沙　巴	长滩岛	巴厘岛	芽　庄	仰　光	暹　粒
2	普吉岛	亚　庇	杜马盖地	日　惹	胡志明市	蒲　甘	吴哥窟
3	清　迈	仙本那	薄荷岛	龙目岛	岘　港	曼德勒	金　边
4	芭堤雅	兰卡威	宿　务	美娜多	河　内	丹　老	西哈努克
5	苏梅岛	槟　城	马尼拉	蓝梦岛	美　奈	茵莱湖	洞里萨湖

数据来源:中国旅游研究院–马蜂窝旅游网自由行大数据联合实验室。

表6 "一带一路"沿线东南亚国家的热门景点

排名	泰　国	马来西亚	菲律宾	印度尼西亚	新加坡	越　南	缅　甸	柬埔寨
1	大皇宫	卡帕莱岛	白沙滩	蓝梦岛	新加坡环球影城	珍珠岛游乐园	乌本桥	吴哥寺
2	乍都乍周末市场	马布岛	市中市	情人崖	新加坡滨海舰园	芽庄海滩	瑞光大金塔	崩密列

续表

排名	泰国	马来西亚	菲律宾	印度尼西亚	新加坡	越南	缅甸	柬埔寨
3	四面佛	丹戎亚路海滩	星期五海滩	海神庙	新加坡动物园	巴拿山	马哈伽纳扬僧院	金边皇宫
4	皇帝岛	国家石油公司双峰塔	普卡海滩	天空之门	牛车水	婆那加占婆塔	仰光唐人街	女王宫
5	宁曼路	阿罗街	巴里卡萨岛	金巴兰海滩	鱼尾狮公园	芽庄卜RESORT别墅	曼德勒山	西哈努克港
6	考山路夜市	国家清真寺	处女岛	乌布市场	小印度	芽庄大教堂	曼德勒皇宫	S21监狱博物馆
7	芭东海滩	美人鱼岛	圣婴教堂	库塔海滩	圣淘沙岛	范五老街	他冰瑜塔	钟屋杀人场
8	斯米兰群岛国家公园	沙巴大学	卢霍山	乌布皇宫	夜间野生动物园	三十六行街	维桑海滩	吴哥国家博物馆
9	阁兰岛	独立广场	圣母礁岩	悬崖秋千	S.E.A.海洋馆	芽庄四岛游	固都陶佛塔	巴戎寺
10	郑王庙	西巴丹岛	麦哲伦十字架	恶魔的眼泪	新加坡摩天观景轮	山茶半岛	苏雷宝塔	柬埔寨国家博物馆

数据来源：中国旅游研究院－马蜂窝旅游网自由行大数据联合实验室。

2. "一带一路"沿线南亚国家

"一带一路"沿线南亚国家：斯里兰卡、尼泊尔。斯里兰卡和尼泊尔的前十客源城市基本相同。数据显示，因为地理位置相距较近，尼泊尔有部分客源来自拉萨。

表7 "一带一路"沿线南亚国家的客源城市TOP20

排名	尼泊尔	斯里兰卡	排名	尼泊尔	斯里兰卡
1	北京	北京	7	拉萨	重庆
2	上海	上海	8	南京	南京
3	广州	广州	9	西安	苏州
4	深圳	深圳	10	武汉	武汉
5	成都	成都	11	昆明	佛山
6	杭州	杭州	12	长沙	宁波

续表

排名	尼泊尔	斯里兰卡	排名	尼泊尔	斯里兰卡
13	拉萨	西安	17	宁波	沈阳
14	沈阳	昆明	18	佛山	东莞
15	天津	天津	19	青岛	温州
16	苏州	长沙	20	大连	贵阳

数据来源：中国旅游研究院-马蜂窝旅游网自由行大数据联合实验室。

"一带一路"沿线南亚国家的自由行结伴类型。独行首选：尼泊尔；家庭首选：斯里兰卡。

尼泊尔是户外运动的天堂，在这里可以体验徒步、划船和滑翔伞等项目。值得一提的是，尼泊尔是世界上最适合徒步旅行的国家之一，有着数十条成熟的徒步线路，每年有很多徒步爱好者来此体验，他们多会只身前往，选择在当地结伴同游，感受大自然的魅力。数据显示，一个人前往尼泊尔游玩的占比达到36%。

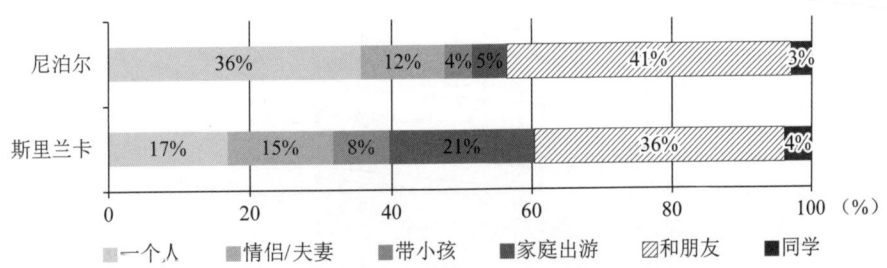

图6 "一带一路"沿线南亚国家的自由行结伴类型

数据来源：中国旅游研究院-马蜂窝旅游网自由行大数据联合实验室。

斯里兰卡拥有丰富的旅游资源，可以满足不同人群的需求，相对更受携家庭出游的人群欢迎，占到21%。这里有八大世界遗产、迷人的海滨、神秘的宗教、丰富的动植物资源、好客的人民、低廉的物价、独特的异域文化等。

"一带一路"沿线南亚国家的自由行平均游玩天数：9天。数据显示，尼泊尔自由行的平均游玩天数为9.7天，斯里兰卡为8.9天。其中，高达58%的游客会选择在尼泊尔游玩9天及以上，以留出充足的户外运动体验时间。

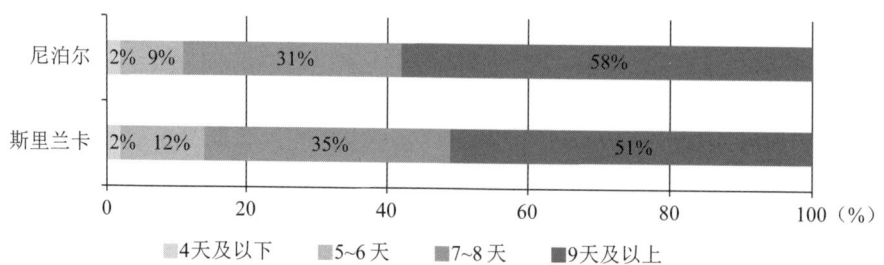

图7　目的地自由行平均游玩天数

数据来源：中国旅游研究院-马蜂窝旅游网自由行大数据联合实验室。

"一带一路"沿线南亚国家的人均自由行花费。尼泊尔：7067元，斯里兰卡：8058元。数据显示，尽管两国的物价消费水平均相对不高，但比较之下，尼泊尔旅游会更便宜。

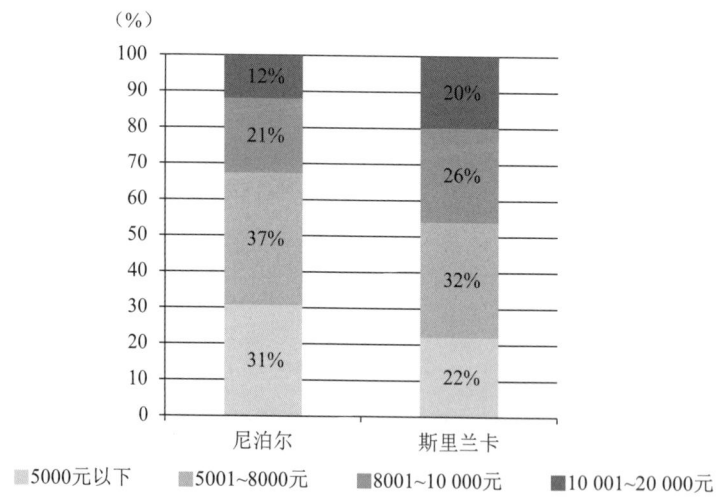

图8　"一带一路"沿线南亚国家的人均自由行花费

数据来源：中国旅游研究院-马蜂窝旅游网自由行大数据联合实验室。

"一带一路"沿线南亚国家的热搜词。前往尼泊尔旅游的游客多是想去体验徒步和滑翔伞，从热搜词上也可看出，他们最关注徒步路线的选择和相关注意事项。而中国游客最想获取斯里兰卡相关签证信息。

表8 "一带一路"沿线南亚国家的热搜词

目的地	热搜词
尼泊尔	徒步
斯里兰卡	签证

数据来源：中国旅游研究院－马蜂窝旅游网自由行大数据联合实验室。

"一带一路"沿线南亚国家热门目的地和热门景点见表8和表9。

表9 "一带一路"沿线南亚国家的热门目的地

排名	尼泊尔	斯里兰卡
1	加德满都	加勒
2	博克拉	科伦坡
3	奇特旺	康提
4	—	努沃勒埃利耶
5	—	尼甘布

数据来源：中国旅游研究院－马蜂窝旅游网自由行大数据联合实验室

表10 "一带一路"沿线南亚国家的热门景点

排名	尼泊尔	斯里兰卡
1	加德满都杜巴广场	狮子岩
2	苏瓦扬布佛塔	雅拉国家公园
3	博达哈大佛塔	佛牙寺
4	帕斯帕提那寺	霍尔顿平原国家公园
5	巴德岗杜巴广场	Mackwoods 茶厂
6	费瓦湖	美蕊沙海滩
7	奇特旺国家森林公园	加勒古城
8	博克拉老城	皇家植物园
9	布恩山	红色清真寺
10	梦花园	品纳维拉大象孤儿院

数据来源：中国旅游研究院－马蜂窝旅游网自由行大数据联合实验室。

3. "一带一路"沿线欧洲国家

"一带一路"沿线欧洲国家：俄罗斯、意大利、希腊。欧洲国家的主要客源来自一二线城市。

表11 "一带一路"沿线欧洲国家的客源城市 TOP20

排名	俄罗斯	意大利	希腊
1	上海	北京	北京
2	北京	上海	上海
3	广州	广州	杭州
4	深圳	深圳	广州
5	杭州	杭州	深圳
6	成都	成都	南京
7	南京	重庆	天津
8	武汉	南京	宁波
9	佛山	武汉	成都
10	苏州	温州	苏州
11	重庆	西安	重庆
12	宁波	天津	武汉
13	长沙	苏州	西安
14	天津	佛山	福州
15	东莞	宁波	青岛
16	福州	沈阳	沈阳
17	昆明	大连	温州
18	温州	厦门	长沙
19	西安	长沙	东莞
20	厦门	青岛	无锡

数据来源：中国旅游研究院－马蜂窝旅游网自由行大数据联合实验室。

后 记
POSTSCRIPT

中国出境旅游一直经历着激动人心的变化，也向来受到各方的密切关注。为满足各方的热切期待，该报告在延续调查方案与研究范式的基础上，一直在探索与创新，并且2019年进行了重大改变：用更简洁的语言，更合理的框架，更翔实的数据和更活泼的文字来记录现在，展望未来，以期使境内外旅游主管部门、相关旅游企业与研究机构能够获得中国出境旅游发展全面而深入的信息，对其政策制定、经营管理和教学研究等方面提供有益的参考。

整个项目由戴斌同志提出研究框架，经课题组全体成员讨论后形成了包括问卷设计、访谈提纲、调研组织在内的年度工作方案。从2010年开始，市场调研的对象扩展到北京、上海、广州、重庆、成都、西安、沈阳与杭州8个口岸城市。工作组在对各典型城市的地方旅游主管部门以及代表性出境游组团社进行实地调研的基础上，结合市场调研与境内外数据收集整理，并经多次讨论修订，形成终稿。

本份主报告的主要执笔人分工如下：第一章，杨劲松、吴丰林、韩霄、白慧茹、戴慧慧；第二章，杨劲松、韩霄；第三章，何琼峰、白慧茹、杨劲松；第四章，杨丽琼、何淼、谢依航；第五章，刘祥艳、周云儿；第六章，何琼峰、白慧茹、杨劲松。

子报告《2018—2019年出境新跟团游大数据报告》的主要执笔人为中国旅游研究院和携程旅游大数据联合实验室的彭亮及其团队。

子报告《"一带一路"出境自由行大数据报告2019》的主要执笔人为中国旅游研究院 – 马蜂窝旅游网自由行大数据联合实验室的李琳及其团队。

书中数据如无特殊说明，来自中华人民共和国文化和旅游部数据中心的统计数据以及中国旅游研究院的抽样调查数据。

我们期待着中国出境旅游的成长，同样期待着出境旅游年度报告能够更加契合各方的需求，为市场、产业与研究的理性成长贡献更大力量。

课题组

2019 年 7 月 28 日